余周——著

商业裂变

如何成为下一个华为

人民邮电出版社
北京

图书在版编目（CIP）数据

商业裂变 ：如何成为下一个华为 / 余周著.

北京 ：人民邮电出版社，2025. -- ISBN 978-7-115

-66693-2

Ⅰ. F632.765.3

中国国家版本馆 CIP 数据核字第 202597VR24 号

内 容 提 要

在日新月异的商业环境中，如何把握住时代风口与未来的商机？华为近 30 年全球化历程，坚守主航道业务并贴近客户场景进行商业创新，最终多次穿越生死线。这表明，构建商业裂变地图（也称商业六宫格）——"裂变文化、战略领先、投资管理、商业组织、商业管理、经营底座"，是中国企业追求全球领先过程中沉淀出的管理智慧与能力，融合吉姆·柯林斯飞轮效应的管理思想，不断给企业飞轮添加燃料，从而获得商业发展的力量。

只有战略领先才能商业领先，华为用自己的商业成功证明了商业裂变与商业增长的底层逻辑。本书通过深入阐述短期与中长期商业机会管理框架与决策机制，能够帮助企业家、创业者、战略规划人员、商业管理者、营销人员在企业内形成一套适应自身行业或企业本体的商业裂变内核。

◆ 著　　　 余　周

　　责任编辑　李士振

　　责任印制　彭志环

◆ 人民邮电出版社出版发行　　　北京市丰台区成寿寺路 11 号

　　邮编　100164　　电子邮件　315@ptpress.com.cn

　　网址　https://www.ptpress.com.cn

　　三河市中晟雅豪印务有限公司印刷

◆ 开本：720×960　1/16

　　印张：14.25　　　　　　　　　　2025 年 5 月第 1 版

　　字数：248 千字　　　　　　　　2025 年 5 月河北第 1 次印刷

定价：69.80 元

读者服务热线：(010)81055296　印装质量热线：(010)81055316

反盗版热线：(010)81055315

GOOD TO GREAT
The Project

January 31st, 2025

Beryl Zhou, Company Founder
Shenzhen Qilue Consultancy
GuangDong Province
China
518000

Dear Beryl,

Thank you for reaching out. It was wonderful connecting with you in Chicago: it was such an honor to have you and your colleague in attendance.

Congratulations on writing your book. I'm flattered that you would ask me to write an endorsement.

My practice on endorsing a book is that I require myself to become thoroughly acquainted with the ideas before deciding whether to endorse. Given the backlog of commitments already on my plate, I'm afraid I lack the bandwidth to add further reading in the midst of my own new book project.

Having been through the adventure of writing, I fully appreciate the exhilaration, exhaustion and anxiety of publishing a book. Winston Churchill once said that writing a book goes through five phases; in phase one it is a novelty or toy, but by phase five, it becomes a tyrant ruling your life; and just when you are about to be reconciled to your servitude, you kill the monster and fling him to the public! I extend to you my warmest wishes as you complete the fifth phase with *Business Fission: Creating the Next Huawei* and I hope you can understand.

Yours sincerely,

Jim

Jim Collins

Best of continued success with your work!

The Good to Great Project LLC
P.O. Box 1699
Boulder, CO 80306

推荐序一

商业裂变的智慧与实践

读完余周的《商业裂变：如何成为下一个华为》深有感触，欣然作序。

我和余周在 2010 年左右来到华为运营商 Business Group 的全球技术服务部，她之前在华为的研发体系，我之前在外企，都是华为服务转型引入"业务明白人"计划的一员。华为在全球组建了 31 个培训中心，秉持训战结合的教学方式，而非学院派教学方式，为华为生态伙伴和客户赋能。

当时华为处于从跟随者向领航者转型的阶段，如何改变与客户做生意的模式、成为运营商问计对象是这一阶段的关键，商业咨询、网络咨询和能力咨询三大创新业务成为这一阶段的抓手。我们有幸参与能力咨询业务的创建和成长，见证了华为打造服务百亿（美元）产业、实现运营商业务增长"产品 + 服务"双驱动模式的成功裂变。

本书从独特的视角解读华为的商业裂变。首先是裂变文化，从内在认知到组织氛围，以文化形成裂变的势能。一个人要不断走出自己的舒适区，才能一步步成长，企业同理，危机文化驱动商业裂变，帮助企业穿越生死线。其次是战略，这是追求和方向。只有战略领先才能商业领先，只有有追求才能激发企业的商业活力。然后是三个关键支柱：追求卓越的投资管理机制；以客户为中心，为结果负责的组织体系；量价齐升的创新商业模式。最后是经营底座，可盈利的经营底座是执行三支柱、实现战略目标的保证。在越来越"卷"的今天，全球化是企业实现商业裂变的有效途径。本书将管理学专家吉姆的飞轮理论与华为"出海"的成功实践相结合，创新地提出了全球化飞轮，为广大中国企业"出海"提供了一套有力工具。

"星河欲转千帆舞"，在这个充满机遇和不确定性的时代，千千万万中国企业正在从华为的发展历程中汲取养分，以商业裂变的智慧和力量成就下一个华为，走上可持续成长之路，开启全球化发展的新篇章。

　　　　　　　　　　　　　　　　原华为全球培训中心院长　宋立新

推荐序二

勇闯全球市场，成为下一个华为

在当今竞争激烈、充满变数的商业世界中，企业犹如在波涛汹涌的大海中航行的船只，时刻面临着被市场浪潮吞没的风险，寻找持续成长与突破的航线成为当务之急。我将借着自己在商业领域的多年洞察与实践，尝试解读《商业裂变：如何成为下一个华为》这本蕴含着企业变革与发展智慧密码的佳作，也希望它能为广大企业管理者点亮前行的灯塔。

我们团队（叶茂中冲突营销商学，下文称"叶茂中团队"）在商业领域深耕多年，始终秉持着"冲突创造需求，定位引领市场，传播塑造品牌"的核心理念。在无数次与各类企业携手共进的历程中，我们深刻洞察到企业在不同发展阶段所面临的困境与机遇。从传统制造业渴望重塑品牌形象、拓展市场份额，到新兴科技企业试图在竞争红海中标定独特价值、实现快速崛起，这些企业的故事都成为我们理解商业本质的生动素材。而这本书的出现，与我们的理念深度交融，为解决这些企业难题提供了全新的思路与方法。

战略性定价金字塔在本书中占据着关键地位，它犹如企业经济引擎的精密调节器。在过往案例中，我们见证了诸多企业因定价失策而陷入泥沼。有的企业盲目跟风降价，试图以低价抢占市场，却忽略了成本的底线与品牌价值的稀释，最终导致利润微薄，无力投入研发与创新；而有的企业则过度高估产品价值，定价脱离市场承受范围，产品滞销，错失发展良机。这本书对战略性定价金字塔的细致拆解，从成本结构的深度剖析到市场竞争态势的精准把握，再到消费者心理价位的巧妙洞察，为企业制定合理定价策略提供了全方位的指导。

这与我们团队强调的通过精准定位产品价值、制造与竞争对手的差异化冲突，从而确定适宜价格区间的理念相辅相成，能够助力企业在价格与销量之间找到完美的平衡点，实现量价齐升的理想增长曲线。

量价齐升的实现路径在书中有着清晰的脉络，其核心在于市场线索的高效裂变与企业整体优势的协同发力。基于企业全球化飞轮，才能实现全球市场范围的量价齐升。在当今数字化浪潮席卷之下，信息洪流汹涌，市场环境瞬息万变。企业若想在这复杂多变的格局中脱颖而出，必须具备敏锐的市场洞察力与强大的资源整合能力。我们在实践中发现，许多企业虽拥有优质产品，但在市场推广环节却举步维艰，根源在于无法有效捕捉与转化市场线索。这本书中所倡导的利用大数据挖掘潜在客户需求、借助社交媒体平台构建精准营销网络等方法，与我们团队利用创意传播引发消费者兴趣、激发购买欲望的策略相得益彰。同时，企业整体优势的整合涵盖了产品研发的持续创新、生产流程的高效优化、供应链管理的紧密协同以及客户服务的极致体验等多个维度。只有当企业各环节紧密配合，形成有机整体，才能在市场竞争中充分释放能量，实现销售量与利润的双丰收，这也是我们在为企业打造品牌竞争力过程中始终坚持的原则。

组织设计是企业商业裂变的坚实基石。叶茂中团队在服务企业过程中，深切体会到传统组织架构的弊端。层级过多、部门壁垒森严，导致企业决策拖沓、对市场变化反应迟缓，严重阻碍了企业的创新与发展步伐。这本书所提出的以客户为中心、灵活性与规模化并重的组织设计理念，为企业组织变革指明了方向。构建主战和主建协同的组织架构，打破部门之间的信息孤岛，实现资源的快速调配与高效利用；合理的授权与管控机制确保基层员工能够及时响应市场需求，同时保持企业战略方向的一致性。这种组织设计模式与我们倡导的打造敏捷、高效、富有创新精神的团队文化高度契合，为企业在商业裂变过程中注入了强大的组织动力，确保企业战略得以高效执行，市场机遇能够迅速把握。

在全球化进程加速的当下，构建全球化飞轮成为企业迈向国际商业舞台中央的必由之路。叶茂中团队在协助企业拓展全球市场时，深刻认识到人才是企业国际化征程中的核心资产。这本书中关于全球化飞轮构建的阐述，聚焦于内生式人才培养与全球化人才循环系统建设，切中要害。企业不仅需要培育具备深厚专业知识与跨文化沟通能力的本土人才，更要吸引与留住全球范围内的优秀人才，打造多元化的人才团队。通过建立基于组织学习力的人才发展体系，促进知识在企业内部的流动与共享，激发员工的创新潜能，使企业在全球市场竞争中具备持续学习与适应能力。这与我们团队注重挖掘人才创意、培养团队国际化视野的理念相互呼应，目标皆是为企业全球化战略的实施提供坚实的人才支撑。

商业投资管理在企业内生式裂变中扮演着关键角色。在实际项目运作中，我们目睹了许多企业在投资决策上的盲目与短视：要么过度追求短期利益，忽视技术创新与产业升级的长期价值；要么在技术研发上孤注一掷，却未能有效整合商业资源，导致创新成果无法转化为市场竞争力。这本书中对商业投资管理的系统论述，从技术与商业融合的战略高度出发，为企业提供了一套严谨的投资决策框架与风险管理机制。引导企业在产业链上下游进行精准布局，优化资源配置，实现技术创新与商业盈利的良性互动，这对于企业在复杂多变的市场环境中稳健成长、实现可持续发展至关重要，也与我们团队在为企业制定战略规划时强调的平衡短期利益与长期发展的理念相契合。

《商业裂变：如何成为下一个华为》是一部凝聚商业智慧与实践真知的杰作，它深度融合了世界级管理大师吉姆·柯林斯、叶茂中团队的商业理念，并在此基础上进行了系统的拓展与升华。对于广大企业管理者而言，这本书不仅是一本理论指南，更是一本全球化商业的行动手册，能够帮助企业在激烈的市场竞争中找准方向、优化策略、强化商业组织和人才，实现量价齐升的终极目标，从而实现从平凡到卓越的跨越，在商业的浩瀚星空中绽放璀璨光芒。愿每一位读者都能从书中汲取力量，开启属于自己企业的商业裂变之旅，创造辉煌的商业未来。

前 言

在当今这个风云变幻的时代，全球商业环境正以前所未有的速度发生着深刻变革。科技的飞速发展、国际局势的复杂变化、市场需求的瞬息万变及竞争的日益激烈，让每一个企业都如履薄冰，随时面临被颠覆或业务下滑的风险。在这样的大背景下，如何识别并抓住商业裂变的机遇，如何实现企业的持续发展和商业成功，成了全球企业家们共同面临的巨大挑战。

作为深圳人，十分值得骄傲的是深圳有华为，不少企业在学习华为，对此我的观点是"人才优于远景，商业裂变需要**坚持长期主义，不能单纯追求结果，而忽略过程中的投入和决策**"。深圳是全球最具创新活力的城市之一，在这里你能感受日新月异的变化。在这片充满机遇和创新活力的土壤上，诞生了华为这样的世界级民营企业。正是这种独特的创新氛围和企业家积极探索的精神，成就了本书的核心思想：商业裂变，成就下一个华为。

只有战略领先才能商业领先，华为用自己的商业成功证明了这个底层逻辑。华为在不到 40 年的时间里，靠自主研发、针尖战略、商业裂变，逐步从深圳小渔村走向全球大舞台，最终成为世界级企业，这样的商业传奇被人们津津乐道。华为从不满足于眼前的利益，而是高瞻远瞩地规划未来。面对复杂多变的国际市场和技术发展趋势，华为能敏锐地洞察先机，提前布局。无论是拓展海外市场的果敢决策，还是在面对技术瓶颈时毅然选择自主研发芯片等关键技术，华为的战略眼光使其在全球商业的棋局中始终占据主动地位。

华为的战略领先并非一蹴而就，而是建立在对全球宏观经济、政治环境及行业发展趋势的深刻理解之上的。任正非先生在 1992 年去美国考察后，引入西方的管理思想，建设经营能力和变革体系，带领华为取得举世瞩目的成就。华为的军事化管理风格、"蓬生麻中，不扶而直"的企业文化，让每一个员工都对自己实行高要求、高标准。华为拥有 20.7 万名员工，至今保持着饱满的创业精神。

过去，我认为只有互联网企业才能进行商业裂变（甚至有人会狭隘地认为只有基于社交网络才能实现商业裂变），但现在我的思想改变了。在帮助 200 多家企业完成商业裂变和战略飞轮构建后，我认为实业型企业的商业裂变也有其底层逻辑——基于商业裂变地图实现商业价值循环，然后再基于社交网络进行商业裂变。作为华为前员工，我亲身经历了华为从本土企业到全球企业的发展与壮大过程。20 多年来，我通过研究华为商业发展历程，得出这样一个结论：**商业投资管理扭转了中国企业粗放式经营的习惯，经营底座是商业裂变的基础，而战略领先、商业投资和盈利管理使得商业可以真正裂变**。华为懂得合理配置资源，将有限的资金投入最具战略发展潜力的领域。华为不盲目跟风，而是依据自身的战略目标和技术发展路径，有针对性地进行投资。无论是对研发项目的长期投资，还是对产业链上下游的战略投资，华为都展现出了极高的投资与管理智慧。这种智慧使得华为在商业扩张的同时，能够有效控制风险，确保每一步都走得坚实有力。

2024 年 10 月，一次意义非凡的经历为本书的诞生注入了更为深刻的内涵：我前往美国芝加哥，参加了吉姆·柯林斯（以下简称吉姆）的《从优秀到卓越》的现场学习活动（作者与吉姆的合影如图 0-1 所示）。在那里，我有幸得到了吉姆的指导，他的一句话让我醍醐灌顶：**"中国企业家不是要学习今天的华为，而是要学习如何成为下一个华为。"**这句话深深触动了我，作为吉姆的追随者，我为几十家企业建设战略飞轮、人才飞轮、商业飞轮，这也成了本书的点睛之笔。华为，作为全球商业领域的璀璨之星，其商业成功并非偶然，背后蕴含着深刻的战略智慧和丰富的实践经验。而我所追求的，正是挖掘华为商业成功的底层逻辑，并将其转化为一种具有普遍适用性的方法论，助力更多中国企业在商业竞争中脱颖而出。

为了完成这一目标，我与 200 多位企业家进行了深入交流，因为站在巨人的肩膀上看得更远、更清晰。他们来自新能源、机械制造、餐饮、芯片制造、互联网科技等不同的行业，其企业规模也各不相同，但都在商业变革的道路上进行了自己的探索和实践。通过与他们对话和对众多企业商业变革案例的分析，我总结出了一套助力中国企业全球化的理论：商业裂变地图和全球化飞轮。

商业裂变地图，也叫作商业变革六宫格，包括裂变文化、商业领先、投资管理、商业组织、商业管理、经营底座这6个关键维度。这6个关键维度相互关联、相互影响，共同构成了企业在不确定的商业环境下实现商业裂变的框架。商业变革六宫格这一方法论并不是凭空想象出来的，而是在实践中经过反复验证的。我将吉姆的飞轮理论与华为战略管理实践有机结合，运用商业变革六宫格，帮助众多企

图 0-1　作者与吉姆的合影

业解决了实际问题、实现了突破式发展。这一方法论也因此得到了广大企业家的青睐，成为他们在商业竞争中的有力武器。

全球化飞轮是针对中国企业来讲的，由于语言、商业环境的差异，一些中国企业固守中国市场，很难成功走向全球市场，实质上限制了这些企业的发展。我曾经立志成为"中国吉姆"，助力中国企业构建全球化飞轮。全球化飞轮是在吉姆的增长飞轮基础上升级迭代而成的，结合中国企业的特有情况和中国本土的市场场景，为中国企业走向全球添砖加瓦。吉姆曾说"卓越最大的敌人是优秀"，而想要跨过这道坎，中国企业就要构建自己的企业飞轮。在构建企业飞轮的时候，企业家必须先回答一个问题：从全球视角来看，你的企业最优秀的是什么？除飞轮体系外，我使用**六度组织系统锻造工具和人才发展模型，助力中国企业提升全球化发展能力。**飞轮体系、六度组织系统锻造工具和

人才发展模型如图0-2所示。

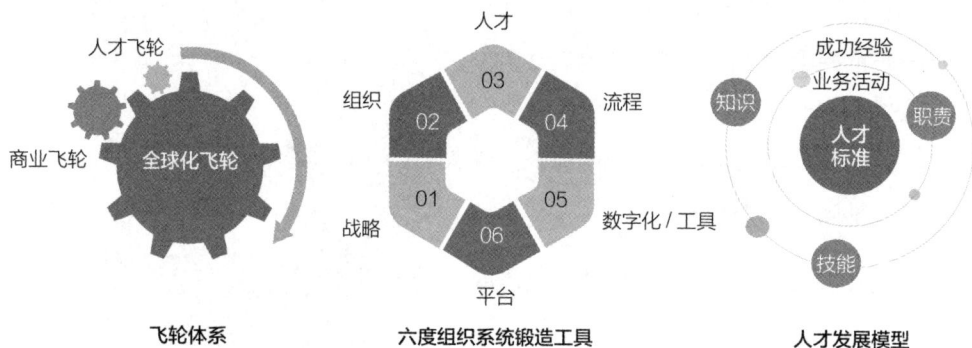

图0-2 飞轮体系、六度组织系统锻造工具和人才发展模型

本书的主要目的是将商业裂变地图和全球化飞轮呈现给更多的企业家。希望这套理论能够成为一盏明灯，照亮企业在复杂商业环境中前行的道路，帮助企业在商业裂变的征程中找到方向，实现从平凡到卓越的跨越，成为下一个华为。

余周
2025年3月

目 录

第四章　量价齐升的裂变模式

第五章　为商业结果负责的组织

第六章　可实现盈利的经营底座

第七章　构建全球化飞轮

第八章　不一样的商业裂变

第一章

穿越生死线的裂变文化

1.1　量价齐升的增长追求

企业渴望实现增长，渴望穿越产业周期，本书就从企业生死攸关的双增长谈起。

双增长即销售额和利润均增长，也就是达到量价齐升的盈利目标。量价齐升的增长追求是企业活下去的关键。华为从电信市场裂变到企业市场，再裂变到消费者市场，小米从智能手机市场裂变到家庭场景中的智慧产品市场，它们都追求量价齐升。

然而，达成量价齐升并非易事，它需要企业深入理解并运用战略性定价金字塔这一有力的方法。战略性定价金字塔（见图 1-1）涵盖价格水平、定价政策、价格和价值沟通、价值结构及价值创造等层面，每个层面都相互关联且对企业的盈利模式有深远影响。

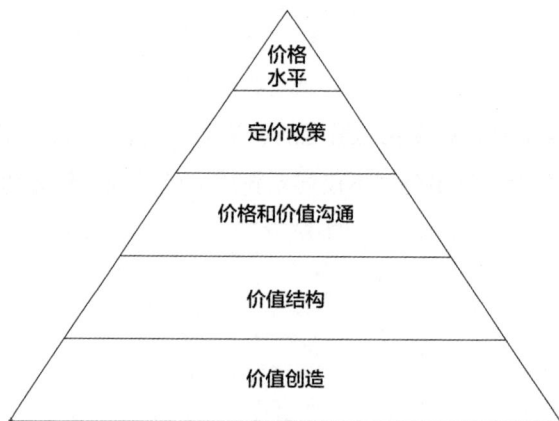

图 1-1　战略性定价金字塔

1.1.1　战略性定价金字塔的构成要素

（1）价格水平

价格水平是企业定价的直接体现，它决定了产品或服务在市场中的价格定位。企业需要综合考虑成本、市场需求、竞争状况及自身的战略目标来确定价格水平。对于奢侈品品牌，其可以凭借卓越的品质、悠久的历史及独特的设计，将价格定位于较高水平，以彰显品牌的高端形象并吸引追求品质与独特性的消费者。而对于大众消费品品牌，其可以采用相对较低的价格水平，通过大规模的生产、高效的供应链管理降低成本，以满足广大消费者对高性价比的需求。

（2）定价政策

定价政策即企业在不同市场条件、销售渠道及客户群体下的定价规则。例如，一些企业采用差别定价政策，根据客户的购买数量、购买时间、地理位置等因素制定不同的价格。航空公司就是典型的例子，其会根据旅游旺季与淡季、工作日与周末、提前预订时间的长短等因素调整机票价格。这种定价政策有助于企业优化资源配置，提高运营效率，同时满足不同客户群体的需求，实现利润最大化。

（3）价格和价值沟通

有效的价格和价值沟通是让消费者理解并接受产品或服务价格的关键。企业需要通过各种营销渠道和手段向消费者传达产品的价值主张，使消费者认识到企业的产品是物有所值甚至物超所值的。苹果（Apple）公司在这方面堪称典范。在新品发布会上，苹果公司不仅展示新产品的外观设计和功能特点，还强调其背后的创新技术、用户体验及品牌所代表的生活方式。通过广告宣传、产品演示及用户口碑传播，苹果公司成功地让消费者将其产品与高品质、高性能和高价值联系在一起，从而愿意为其支付较高的价格。

（4）价值结构

价值结构涉及产品或服务的各个组成部分及其对整体价值的贡献。企业需要分析产品的核心价值、附加价值及潜在价值，并据此构建合理的价值结构。例如，酒店行业中，一些高端酒店除提供舒适的住宿环境（核心价值）外，还提供免费的早餐、健身房、商务中心、个性化的管家服务等附加价值。这些附加价值的存在不仅提升了消费者的入住体验，也为酒店制定更高的价格提供了支撑。企业可以通过调整价值结构，如增加或减少某些价值元素，来影响产品的价格定位和市场竞争力。

（5）价值创造

价值创造是企业实现定价优势的源泉。企业可以通过多种方式创造价值，如技术创新、产品差异化、优化运营流程、提升服务质量等。以特斯拉（Tesla）为例，特斯拉通过在电动汽车领域的技术创新，如先进的电池技术、自动驾驶技术及独特的能源管理系统，创造了超越传统燃油汽车领域的价值。这种价值创造使特斯拉在电动汽车市场中占据了领先地位，并拥有较强的定价能力。尽管特斯拉的产品价格相对较高，但消费者仍然愿意购买，因为他们认可特斯拉所带来的创新价值。

1.1.2　战略性定价金字塔的价值体现

战略性定价金字塔为企业提供了一个全面、系统的定价框架，有助于企业解决上述问题并实现量价齐升的盈利目标。

首先，企业根据市场需求、竞争状况和自身战略目标制定出合理的价格水平，能提升竞争力和盈利能力。企业可以在不同的产品生命周期阶段灵活调整价格水平，如在产品推出初期采用撇脂定价策略获取高额利润，在市场竞争激烈时采用渗透定价策略提高市场份额，在产品成熟期采用价值定价策略稳定利润水平。

其次，企业根据不同的细分市场和客户需求制定差异化的定价策略，能提高资源利用效率和客户满意度。企业可以通过对不同客户群体的价格敏感度分析，制定既能吸引价格敏感型客户又能保证利润最大化的定价政策。例如，对于企业的长期大客户，可以提供一定的价格折扣或定制化的价格套餐，以增强客户黏性；对于新客户或潜在客户，可以采用促销定价策略吸引其尝试购买产品或服务。

再次，有效的价格和价值沟通能够提升消费者对产品价值的认知度和认可度，提高其对品牌的忠诚度。企业通过整合营销传播手段，将产品的价值主张贯穿于广告宣传、公关活动、销售活动及客户服务等各个环节，使消费者在购买前、购买中及购买后都能深刻感受到产品的价值。这样，消费者不仅愿意为产品支付更高的价格，还会成为企业的口碑传播者，为企业带来更多的潜在客户。

然后，优化价值结构有助于企业提升产品的整体价值，满足消费者多样化的需求，从而提高产品的价格定位和市场竞争力。企业可以通过增加产品的附加价值，如提供增值服务、延长产品保修期、开展会员专属活动等，提升消费者的购买体验和满意度。同时，企业还可以根据市场需求和竞争态势，调整价值结构中的核心价值元素，如加强技术研发投入，推出具有创新性功能的产品，以创造更高的价值并获得更强的定价能力。

最后，价值创造是战略性定价金字塔的核心驱动力。企业只有不断地通过技术创新、产品差异化、优化运营流程、提升服务质量等方式创造价值，才能在市场中保持领先地位并持续拥有定价优势。例如，企业可以建立研发创新中心，加强与高校、科研机构的合作，不断推出具有突破性的新技术、新产品；可以优化企业的运营流程，降低生产成本，提高生产效率，从而在价格不变的情况下扩大产品的利润空间；还可以加强员工培训，提升服务质量，通过优质的服务为产品增值，实现量价齐升的盈利目标。

1.1.3　企业量价齐升的实践

星巴克作为全球知名的咖啡连锁品牌，在量价齐升的增长追求方面有成功的实践经验，充分体现了战略性定价金字塔的应用价值。

在价格水平方面，星巴克将自己定位为高端咖啡品牌，其咖啡价格相对较高。这一价格水平基于星巴克对自身品牌价值、产品品质、消费体验及目标客户群体消费能力的综合考量。星巴克选用优质的咖啡豆，采用精湛的烘焙工艺，确保咖啡的口感和香气。同时，其店铺装修风格独特，营造出舒适、幽雅的消费环境，为消费者提供了一种高品质的休闲社交空间。这种独特的价值定位使得星巴克能够维持较高的价格水平，并获得可观的利润。

在定价策略方面，星巴克采用了灵活的定价策略。一方面，它针对不同的产品系列和杯型制定了差异化的价格。例如，其招牌拿铁咖啡的价格会根据杯型（小杯、中杯、大杯、超大杯）而有所不同，满足了不同消费者的需求和消费习惯。另一方面，星巴克会根据不同的地区市场和消费场景进行定价调整。在一些高消费地区或旅游景点，星巴克的价格可能会相对较高；而在一些竞争激烈的商业区或与其他企业合作推出联名款产品时，星巴克会采用促销定价策略，如买一送一、赠送优惠券等，以吸引更多的消费者购买。

在价格和价值沟通方面，星巴克做得非常出色。其品牌宣传不局限于咖啡产品本身，更多的是传达一种咖啡文化和生活方式。星巴克通过广告宣传、社交媒体推广、店内宣传资料及员工与消费者的互动等多种方式，向消费者传递其品牌价值观念。例如，星巴克的广告常常展现人们在其店内享受咖啡、聊天、工作或阅读的场景，让消费者感受到星巴克是一个可以放松身心、享受生活的地方。这种有效的价格和价值沟通使消费者愿意为星巴克的咖啡支付较高的价格，并且形成了较高的品牌忠诚度。

在价值结构方面，星巴克构建了丰富的价值体系。除了高品质的咖啡产品和舒适的消费环境外，星巴克还提供了一系列的附加价值。例如，它为消费者提供免费的无线网络、舒适的座位、丰富的杂志等，满足了消费者在休闲娱乐和社交方面的需求。此外，星巴克还推出了会员制度，会员可以享受积分兑换、生日优惠、专属饮品等特权。这些附加价值不仅提升了消费者的购买体验，也进一步巩固了消费者与品牌之间的联系，为星巴克的高定价提供了有力的支撑。

在价值创造方面，星巴克不断进行创新和优化。例如，在产品创新方面，星巴克定期推出新口味的咖啡饮品、季节性限定产品及与其他品牌或艺术家的联名款产品，保持消费者的新鲜感和购买欲望；在优化运营流程方面，星巴克采用先进的信息技术系统，实现了高效的线上点单、移动支付、外卖配送等服务，提高了运营效率和消费者的便利性；同时，星巴克还注重员工培训，其员工不仅具备专业的咖啡制作技能，还能够为消费者提供热情、周到的服务，通过优质的服务为产品增值。通过这些价值创造活动，星巴克不断提升自身的品牌价值和竞争力，实现了量价齐升的盈利目标，在全球咖啡市场中占据了重要的地位。

综上所述，战略性定价金字塔对企业实现量价齐升的盈利目标具有不可忽视的重要性。企业只有深入理解并运用这一框架，从价格水平、定价政策、价格和价值沟通、价值结构及价值创造等层面进行系统的规划和实施，才能在激烈的市场竞争中脱颖而出，实现可持续的盈利增长。从星巴克等成功企业的实践案例中可以看出，战略性定价金字塔的有效应用能够为企业带来显著的经济效益和市场竞争优势。

1.2　不确定性与生死线

数智时代信息越来越透明，靠信息差赚钱的企业越活越艰难。随着全球贸易政策的变动，全球化发展出现新态势，企业正面临着经济发展和新竞争态势带来的深刻变化，企业的"生死劫"来得更加频繁。经济形势的不确定性、市场竞争的激烈化及各种不可预见的外部因素，都使得大部分企业面临严峻的生存考验，如何穿越生死线成为大家关注的焦点。

企业生死线是决定企业生存与毁灭的关键界限。它并非单一的标准，而是由多种因素共同作用形成的。一方面，财务状况是重要考量因素。当企业持续亏损、资金链断裂，无法支付运营成本、负担债务时，便逼近生死线。例如，若销售额大幅下滑，成本却居高不下，企业就会陷入财务困境。另一方面，市场竞争力也至关重要。若企业产品或服务失去市场竞争力，被竞争对手超越，不能适应市场变化和客户需求，也面临生死考验。同时，重大决策失误也可能使企业瞬间触及生死线，如错误的投资、战略方向偏差等。总之，企业生死线是动态的，企业需时刻保持警惕，不断提升自身实力，以远离生死线，实现可持续发展。

摩托罗拉公司，曾经的通信行业巨头，在其发展历程中多次经历沉浮，深刻地诠释了企业生死线的含义，你可能很难想象这样一家巨头公司只因一个大型的战略性投资项目，就功亏一篑。下面让我们一起来回顾这段令人深思的历程。

1.2.1　创造企业巅峰时刻

摩托罗拉公司的前身高尔文制造公司成立于 1928 年，由保罗·高尔文及其兄弟约瑟夫·高尔文在芝加哥联手创立。1947 年，高尔文制造公司正式更名为摩托罗拉公司，这家公司经过多年的发展，成为通信行业的先驱和极具影响力的企业，具有深厚的历史底蕴和独特的行业地位。

从 20 世纪 30 年代推出第一台商业上大获成功的车载收音机开始，摩托罗拉公司（以下简称摩托罗拉）不断在通信技术领域开疆拓土。1940 年研发出的手提式调幅无线对讲机 SCR-536，成为"二战"时前沿阵地的标志；1942 年推出首个商用车载对讲系统；1969 年，阿波罗 11 号飞船安装了摩托罗拉的无线电应答器，用于传递地球与月球间的语音通信和电视信号，这是人类通信技术在太空探索领域的重大应用。

1983 年，美国联邦通信委员会批准摩托罗拉生产全球首部商用手机，这是通信史上具有划时代意义的事件，标志着移动通信时代的开启。此后，摩托罗拉不断探索手机设计与技术，如 2004 年推出第一款超薄手机 V3，其超薄的设计理念引领了手机设计的潮流。

在 20 世纪 90 年代，摩托罗拉进入了黄金时期，而当时的市场，特别是海外市场，几乎没有运营商知道华为的存在，更不用提华为手机了。摩托罗拉凭借其领先的产品和技术，成为通信设备制造商领导者的时间长达十年之久。其手机产品在全球范围内广受欢迎，在市场份额方面占据领先地位。以其经典的手机产品为例，2004 年推出的 V3 手机，在全球共计卖出了 1.3 亿部，这一销售成绩在当时的手机市场堪称传奇，充分展示了摩托罗拉在产品设计和市场推广方面的强大实力。

1.2.2　折戟卫星通信领域

高尔文制造公司的主要产品是收音机。大部分企业都不知道哪一天会发生巨大变化，可能让自己没有生意可做。1941 年珍珠港事件发生后，由于备战需要，美国政府下令禁止民用汽车的生产。民用汽车停产，那么高尔文制造公司库存清单里的 12 万多台车载收音机一时之间就没了市场。

困境中的保罗·高尔文具备清晰的商业思维，他决定探索新的细分市场，从车载收音机市场切换到家用收音机市场。保罗·高尔文请工程师把这些额定电压为 6 伏的使用电池的收音机，全部改造成能够使用 110 伏交流电源的收音机，这样就可以把车载收音机改造成家用收音机。由于当时木材还没被列为战略物资，高尔文制造公司便用木材制作收音机的外壳，既美观又实用。这些应对风险的举措，让当时还处在发展期的高尔文制造公司渡过难关。

之后，随着经济环境的改善，摩托罗拉在商业竞争中表现优异。例如，摩托罗拉是全球首部手机的创造者、全球移动通信系统（Global System for Mobile Communications，GSM）标准的制定者；摩托罗拉开创了"六西格玛"质量改善流程，这为通信行业乃至整个制造业提供了通用的质量评估方法，并成为全球标准，对提升产品质量和生产效率具有重要意义。摩托罗拉取得如此多的成就，使得华为进军手机市场的时候，一度怀疑自身完全没有可能在手机这一红海市场突破。

这样一家强大的公司，却在通信行业的主航道方向上出现了错误判断。铱星系统，是摩托罗拉耗费巨资建设的一个全球卫星通信项目。1987 年秋，摩托罗拉首席执行官在公司内部宣布将发展铱星系统。经过 11 年的开发工作，摩托罗拉宣布铱星系统可以开始商业运营了。摩托罗拉认为铱星系统将用开创历史先河的全球通信设施开辟一个有关商业、灾难救助、人道主义援助的新领域，铱星系统产品的潜在用途无限。

摩托罗拉对铱星系统寄予厚望，但开发耗时 11 年之久的铱星系统却成为公司命运的转折点。这个项目存在着诸多问题。首先，技术虽然先进，但成本高昂。例如，铱星手机价格昂贵，通话费用也远高于普通手机，使得普通消费者望而却步。其次，市场定位不准确。铱星系统主要面向偏远地区和特殊行业用户，但这些用户群体规模相对较小，无法支撑高昂的系统运营成本。最后，随着地面移动通信技术的迅速发展，普通手机的信号覆盖范围不断扩大，功能也日益强大，进一步挤压了铱星系统的市场空间。

由于对铱星系统的投资失误，摩托罗拉陷入了亏损的深渊。大量的资金投入不仅没有带来预期的回报，反而使公司的财务状况急剧恶化，股价大幅下跌，市场份额逐渐被竞争对手蚕食，员工士气低落，人才流失严重。此时的摩托罗拉，仿佛在生死线上挣扎。对商业环境和竞争判断失误，让摩托罗拉走向衰落。

1.2.3 战略性收缩再度遇挫

曾经，摩托罗拉在手机领域堪称王者，以创新的技术和经典的产品引领着行业潮流。然而，随着时代的变迁，市场风云变幻，摩托罗拉对市场变化不够敏感，逐渐陷入困境。

2012 年，摩托罗拉移动被谷歌以 125 亿美元收购，这本被视为一次"强强联合"。然而，这一合作并未如预期般长久。仅仅两年后，发力安卓系统却不准备自己下场制造手机的谷歌，将摩托罗拉移动转手。2014 年 10 月，摩托罗拉被联想以 29 亿美元收购。而与摩托罗拉战略性收缩相反的是，华为通过商业裂变，2011 年左右首次进入智能手机领域，2019 年上半年，华为智能手机业务总出货量达到 1.18 亿台，实现逆袭式的发展。

华为底层全部是面向企业（To Business，2B）的业务，包括销售、采购、生产、研发等环节，在此基础上迅速构建了面向消费者（To Consumer，2C）的组织。2003 年 7 月，华为成立手机业务部。2004 年，参加法国 3GSM（Third-generation Global System for Mobile）大会，展示了宽带码分多路访问（Wideband Code Division Multiple Access，WCDMA）手机。2009 年，首次展示首款安卓智能手机。2011 年，开始重点打造 P 系列和 Mate 系列，开启中高端路线。2013 年，荣耀品牌成立，定位中低端市场。之后华为不断推出创新产品，如 2014 年发布的 Mate 7（搭载 EMUI 3.0），2019 年发布的 5G 手机等。近年来，华为在遭受外部压力的情况下，依然坚持研发投入，推动技术创新，如鸿蒙系统的研发与应用。在摩托罗拉战略性收缩之际，华为却成功实现大发展。

摩托罗拉被迫采取战略性收缩策略，在不同地区表现各异，并且是联想集团实现盈利转正的关键结果。例如，在美国市场，摩托罗拉表现较为突出，2023 年以 8% 的市场份额排名第三；在巴西市场，联想的市场份额高达 29%，具有较强竞争力；在欧洲市场，2024 年摩托罗拉手机出货量同比增长 73%，市场份额提升至 6%，排在第四位。

联想试图重振摩托罗拉的辉煌，2015 年在国际消费类电子产品展览会上宣布摩托罗拉手机将重回中国市场。但此时的摩托罗拉，已在市场的浪潮中历经多次挫折，要想重新崛起，面临诸多挑战。

在手机销售渠道日益多元化的今天，摩托罗拉仍然过度依赖运营商渠道，而忽视了电商渠道的崛起。当其他竞争对手纷纷布局电商，以更灵活的营销方式和更高效的销售模式抢占市场份额时，摩托罗拉却未能及时调整市场策略，错失了智能手机全渠道发展的良机。

曾经辉煌一时的摩托罗拉，在通信领域创造了诸多传奇。然而，一次重大的投资失误却让它陷入了商业的负向循环。对铱星系统的投资，承载着摩托罗拉对未来通信的无限憧憬，却因过高的成本、不准确的市场定位及技术发展的意外变化，成了企业由盛转衰的转折点。

这一历程提醒我们，任何一家企业或品牌，都不是无坚不摧的。在商业的舞台上，人们往往过于乐观地估计商机的到来。看到新的机遇时，可能被激情和憧憬冲昏头脑，而忽视了潜在的风险与挑战。商机的确常常伴随巨大的利益诱惑，但在决策的关键时刻，冷静的分析、全面的评估及对风险的准确预判显得尤为重要。

1.3　商业裂变与裂变文化

企业要树立正确的发展思想观，明确自身存在的意义不仅是追求利润，更是实现自我价值——满足客户需求、为社会创造价值。企业应以客户为中心，时刻关注市场动态和客户反馈，将客户的满意度作为衡量企业成功与否的重要标准。生死线不是一下子就出现的，而是在企业业务投资和运作管理过程中逐渐浮出水面的。

企业的投资管理是企业跨越生死线的硬实力。相比初创公司的运作模式——很多公司经常由一人独当一面但也往往由一人决策，不能"聚人、聚智、聚财"，真正可以发展起来的公司则是具备良好的组织能力和团队决策机制的公司。企业管理者应拥有积极进取、勇于创新的精神，敢于突破传统思维模式，在不断变化的市场环境中寻找新的机遇，为企业发展带来转机。

1.3.1　塑造穿越生死线的危机文化

华为的危机文化堪称业界经典，也正是这样的危机文化，让企业具备超强的竞争力，数次帮助华为穿越生死线。2000 年左右，全球 IT 产业风云突变，互联网泡沫的破灭如同一场风暴，无情地席卷了整个行业。在这场残酷的风暴中，华为也被推到了生死存亡的边缘。

在国内市场，华为遭遇了沉重的打击，三大核心业务的失利让公司上下陷入了巨大的困境。在小灵通业务方面，这个在当时市场中具有一定潜力的领域，华为却未能把握，被竞争对手抢占先机；在 3G 业务方面，由于全球通信标准的复杂博弈和国内市场的发展节奏问题，华为的投入一时间未能转化为预期的回报；在 2G 业务方面，市场已经饱和，看不到增长空间。华为一系列的战略误判和市场的不可控因素，使得公司在国内市场前景暗淡。这三大核心业务的失利，意味着华为在国内市场的布局出现了严重的漏洞，大量的资源投入似乎打了水漂儿。

此时的华为，就像一艘在惊涛骇浪中失去方向的巨轮，面临随时可能被大海吞噬的危险。公司的营收增长放缓，利润大幅下滑，员工也陷入迷茫和焦虑中。然而，华为并没有在困境中坐以待毙，而是在任正非的领导下，开始了一场艰难而又决绝的海外战略大转移。任正非能够做出这样的战略抉择，其实与他早年在海外不断参观学习其他优秀企业的经历分不开。

例如，2001 年，任正非作为华为创始人，在参观日本松下电工公司时，发现松下这家企业的危机意识非常强烈。在松下电工，不论是办公室、会议室，还是通道的墙上，都能看到一幅画，画上是一条即将撞上冰山的船，下面写着："能挽救这条船的，唯有你"。松下电工把企业比作大海里的一条船，企业随时可能触冰山而亡。这次参观，让任正非学习到松下幸之助的管理理念：企业的发展壮大中伴随着各种风险，危机文化是企业活下去的核心能力。

华为的危机文化首先体现在对外部环境的深刻认识上。任正非清楚地认识到，科技行业变化迅速，竞争激烈，企业稍有不慎就可能被淘汰。因此，华为始终保持对市场动态、技术趋势的高度关注，不断投入大量资源进行研发创新，以确保在技术上始终处于领先地位。这种对外部环境的敬畏之心，促使"华为人"不断努力，不敢有丝毫懈怠。特别是摩托罗拉这样的企业走下舞台的例子，让任正非意识到商业投资管理的重要性，一味追求技术领先，往往容易走上不归路。

2001年，华为在中国市场颇有名气的时候，任正非发表了《华为的冬天》这一知名文章。他在文中指出："公司所有员工是否考虑过，如果有一天，公司销售额下滑、利润下滑甚至会破产，我们怎么办？"这篇文章向全体员工传递了强烈的危机意识，提醒大家居安思危，为可能到来的危机做好准备。此后，华为每年都会进行"冬训"，反思自身问题，不断优化管理和提升竞争力。

华为一直注重企业风险管理，2004年开始自主研发高端芯片，2011年整合成立"2012实验室"，并奠定了华为最主要纲领——活下来。多年前，华为就预见可能面临的供应链危机，尤其是在芯片领域可能被"卡脖子"。于是，华为投入大量资源自主研发高端芯片，成立了海思半导体有限公司。当美国企业不向华为供应芯片时，作为"备胎"的海思芯片一夜之间全部"转正"。这一举措充分体现了华为的危机意识和前瞻性战略眼光，华为提前为可能到来的危机做好了准备。

任正非在华为打造危机文化，带领"华为人"数次穿越生死线，让企业具备持久的战斗力。任正非不仅是中国企业界备受瞩目的企业家，而且是商业界的思想领袖，在很多人看来，他的思想成就甚至超越了其商业成就。

1.3.2　商业裂变为穿越生死线保驾护航

华为是一家民营高科技企业，用任正非的话说，华为没有什么秘密，任何一家企业都可以学习。大部分企业家想学习华为的商业成功，殊不知这样的商业成功是商业管理的结果，不是照搬其他企业的做法就能实现的，需要企业自身的成长。一些企业家一谈到商业管理，就直接谈如何赚钱，而忘记只有先满足客户需求才能赚钱，这样的企业家往往容易做出急功近利的决策，甚至不顾有损客户利益。一些企业无法兼顾短期和中、长期发展诉求，长期激励只是纸上谈兵，久而久之企业没有凝聚力。如果不能为客户创造价值，企业就会偏离业务管理的重心，与对商业结果的追求背道而驰。

为什么华为的商业管理可以实现商业裂变，同时又能兼顾短期和中、长期利益？深入研究若干商业成功的标杆企业，可以得到这样的结论：商业裂变离不开裂变文化，商业裂变是每个企业的"硬核"能力，华为基于商业裂变地图形成了商业价值循环。不同生态环境下企业的裂变模式往往不一样，这也是为什么本书鼓励更多企业自己进行裂变模式的探索，而不是简单的拿来主义。

在企业战略和商业管理中，往往刚开始时裂变模式是不清晰的。不怕企业犯错误，就怕企业知道错误后仍然执迷不悟，没有做任何调整。1996年，华为因企业战略方向判断失误，在3G产品技术上投资过于超前，错失小灵通业务的发展机遇，在国内市场遭遇失利。然而，华为果断采取"出海"战略进行战略大转移，将目光投向亚非拉等的落后地区，满足这些地区的通信需求，成功实现了穿越生死线。这一决策体现了华为对市场的敏锐洞察力和灵活应变能力，在投资方向出现问题时，能够及时调整战略，寻找新的市场机遇。

2001年，华为把安圣电气卖给艾默生，获得7.5亿美元的宝贵资金，为企业在困境中活下来提供了强大的支持。当时华为的核心业务在通信领域，华为在该领域面临国内外众多竞争对手的挑战，需要集中资源和精力来巩固和提升其在通信市场的地位。任正非将非核心业务的安圣电气出售，等于给华为的"冬天"增加了一床棉被，可以使华为更加专注于通信业务的研发、生产和销售，提升在通信领域的竞争力。

2021年，华为变卖服务器业务，华为全资控股的超聚变数字技术有限公司股东变更为河南超聚能科技有限公司。由于外部因素等，芯片等关键零部件的供应受限，服务器的生产和交付难以保证稳定，影响了业务的正常运营和客户的信任。虽然华为在服务器技术方面有一定的研发成果，但与英特尔等传统服务器芯片巨头相比，在服务器芯片的技术生态方面还不够完善。X86架构的服务器芯片市场长期被英特尔等占据，相关的软件和应用生态也较为成熟，华为在构建自身服务器芯片技术生态的过程中面临较大挑战，这在一定程度上影响了其服务器产品在市场上的竞争力。

而上述重要的商业管理决策，是通过IPMT这样的商业管理机构来进行的。集成组合管理团队（Integrated Portfolio Management Team，IPMT）是华为的战略和商业管理责任主体，组合管理团队（Portfolio Management Team，PMT）则为管理单元提供商业市场洞察并支撑业务的商业管理决策。为了以客户为中心的思想能够执行下去，这两个团队对销售额均不直接承担绩效责任，而是共担责任。这样设计的目的是让商业裂变方面专业的人更加聚焦专业的事情，而不会单单为了获取商业利益做出错误的商业管理决策。

首先，以客户为中心的商业管理必须具有前瞻性。华为的商业管理团队能够准确把握市场趋势和技术发展方向，提前布局未来。他们深入研究行业动态，对潜在的市场机会和风险有敏锐的洞察力，为企业的商业管理决策提供科学依据。

其次，以商业结果为导向的竞争力。IPMT 和 PMT 将企业的商业管理视为一个系统工程，从战略规划、项目评估、资源分配到项目执行和监控，进行全方位的管理。这种系统性的管理方式确保了商业管理决策的科学性和有效性。

再次，以全局观来提供灵活性。华为在商业管理中能够根据市场变化和企业实际情况及时调整管理策略。无论是在业务扩张还是业务收缩阶段，华为都能迅速做出反应，优化资源配置，确保企业生存与发展。

最后，打破部门壁垒的协同性。IPMT 和 PMT 注重各业务部门间的协作，打破部门壁垒，实现资源共享和信息流通。这种协同性使企业在商业管理决策和项目执行过程中能够充分发挥各部门的优势，提高工作效率。

华为的商业管理具备独特的价值，早期让华为能够减少重复性的投入，后期让华为具备全球化市场分析和引领能力。这个团队从市场和商业管理视角，领导 400 多个业务单元，能够对准客户需求和市场竞争诉求，使得投入与产出之间成正比；在战略层面，为企业提供了明确的发展方向和投资重点。通过对市场趋势和技术发展的前瞻性研究，华为能够制定符合企业长期发展目标的投资战略，确保企业在激烈的市场竞争中立于不败之地。

如何穿越生死线，这个问题并没有统一的答案。不同的企业是不同的商业体，有其个性化的方面或问题，但有一个原则是被普遍认可的：以客户为中心的价值创造，是商业管理的重要原则，也是助力企业穿越生死线的核心能力。

以上做了摩托罗拉和华为发展历程的对比，摩托罗拉这样历史积累比华为多的企业却无法穿越生死线，会引起人们深入研究两者商业管理差异的兴趣。回顾 1990 年到 2010 年，摩托罗拉和华为的发展轨迹形成了鲜明的对比，令人深思：什么是商业裂变，如何正确看待裂变文化，对现在的企业家提出了哪些新挑战。

1.3.3 数智时代内生式商业裂变

数智时代是数字技术与智能技术深度融合的时代，是社会经济各个领域发生根本性变革的时代。它以大数据、物联网、云计算、人工智能（AI）等先进技术为核心驱动力，促使数据成为关键资产，智能应用无处不在，从而重塑人们的生活方式、企业的经营模式和商业社会的运行机制。

生成式 AI 是数智时代的新宠儿，它能够自动生成文本、图像、音频等内容。对企业来说，这意味着在营销、设计等领域有了全新的工具。广告公司可以利用生成式 AI 快速生成创意广告文案和设计概念，缩短创作周期，提高工作效率。但同时，这也加剧了内容创作领域的竞争，加速企业与企业间的竞争。在如此激烈的商业竞争下，不少企业开始寻求增长"捷径"，追求浮于表面或短期性的增长。

于是，不少企业家进入误区，他们忽视企业内生式商业裂变的能力，简单推行互联网裂变策略，他们相信互联网产业基于社交网络带来的裂变效果。这些企业家不仅会花费大量营销费用去获取客户、获取市场，而且会消耗大量时间去打造个人 IP，但这一系列工作的产出却一般。这样的做法并不是万能的，特别是对不具备精细化运营能力的企业来说，反而会带来其他负面结果，如流量成本大于人力成本，企业陷入运营危机。不放大社交网络带来的商业效果，是企业家在数智时代最为需要的认知之一。回顾摩托罗拉的衰落和华为的兴起，我们从中会得到商业竞争的法则——在合适的时间进行商业裂变，并追求商业成功。

曾经，摩托罗拉站在行业的顶峰，它以创新的技术和卓越的产品引领通信行业的发展，成为叱咤风云的领先企业。然而，随着时间的推移，摩托罗拉却逐渐失去了往日的辉煌，以铱星系统的商用为分水岭，摩托罗拉在这个超前但无法大规模商用的系统上耗费了太多资源，使得企业走上从巅峰缓慢下滑之路。在这一过程中，摩托罗拉或许沉浸于过去的荣耀中，或许追求过于超前的目标，卫星通话覆盖全球的目标虽然高远，但基于地面铁塔的无线通信其实正在以飞快的速度发展，并且以更高性价比满足大部分人的需求。过度依赖传统的业务模式和市场渠道，忽视了新兴市场的崛起和消费者需求的变化，使得摩托罗拉在激烈的竞争中逐渐失去了优势。

与之相反，华为从底部开始艰难爬坡，逐渐成为市场的新秀。起步时，华为面临重重困难和强大的竞争对手，但始终怀揣着坚定的信念和不屈的精神。看到摩托罗拉深陷技术领先的泥潭，任正非反思自己在 3G 战略上的失误，从而调整战略思想。技术创新固然重要，但如果商业不成功，企业就可能倒闭。华为树立以客户为中心的核心思想，将大量的资源投入研发中，面向客户不断推出具有竞争力的产品和解决方案，特别是全球市场不同区域的客户，其商业解决方案的场景极其复杂。任正非一方面不断优化自己的管理思路，一方面向其他优秀企业学习管理，把自己的管理思想融入流程建设、组织建设、知识管理建设，打造企业的营销装备库。同时，华为注重人才培养和团队建设，汇聚了一批优秀的人才，为企业的发展提供了强大的动力。

这种截然不同的发展路线，让我们深刻反思商业裂变的价值。所谓商业裂变，即基于公司经营底座的规模化商业变现能力。在企业的发展过程中，危机与机遇始终并存。摩托罗拉在辉煌时期未能充分认识到危机的存在，缺乏有效的商业结果管理能力，早于市场商用需求进行商业裂变，导致其商业帝国逐渐衰落。而华为则始终保持强烈的危机意识，居安思危，不断进行自我反思和改进。华为也会提前布局新技术，但华为的 IPMT 认为：领先一步是英雄，领先三步是先烈。

商业管理要求商业管理人员具备敏锐的洞察力和前瞻性思维，能够及时发现潜在的危机因素，并采取有效的措施加以防范和化解。企业要不断审视自身的业务模式、产品结构和市场策略，及时调整和优化，以适应不断变化的市场环境；同时，要建立健全的风险管理体系，提高应对危机的能力和抗风险能力。

企业需要具备商业管理和组织能力、敏锐的市场洞察力和创新精神，能够准确把握市场机遇，迅速做出决策，抢占市场先机。企业要积极关注行业动态和技术发展趋势，不断寻找新的市场机会和业务增长点；同时，要敢于进行贴近客户现场的商业创新，勇于尝试新的商业模式和技术应用，为企业的发展注入新的活力。

商业竞争是全面的，而不是片面的；商业竞争是持久的，而不是短暂的。数智技术和社交网络的发展，都在提升商业竞争速度、广度与强度，但企业不能过早或过多地进行商业裂变，否则就是给对手机会。商业裂变的前提是企业具备核心竞争力，能够在细分领域超越对手。

1.3.4　裂变文化带来的巨大价值

由摩托罗拉与华为的对比可以看出，能够做商业裂变的企业是具备"硬核"能力的企业，而与此同时，商业裂变离不开文化，那么裂变文化是如何产生的呢？华为的裂变文化并不是天生的，裂变文化是企业追求商业增长的必然结果，也是商业裂变的种子。

华为在20世纪90年代就是一家高增长的企业，当时的华为是通信行业里不起眼的公司。30多年过去，华为始终追求双高增长的目标，这里的双高增长是指销售额高增长和利润高增长。如果这家企业没有双高增长目标，可能会发生什么不好的事情？对一个民营企业来说，如果销售额不高增长，则意味着市场被竞争对手占据；如果利润不高增长，则意味着分钱少，人才流失加速。如果没有客户层面的价值增长，创新机会则会减少，组织不增长，一些新型人才不愿意加入华为。企业有了目标作为导向后，企业文化建设要与目标相匹配。

华为裂变文化如图 1-2 所示。

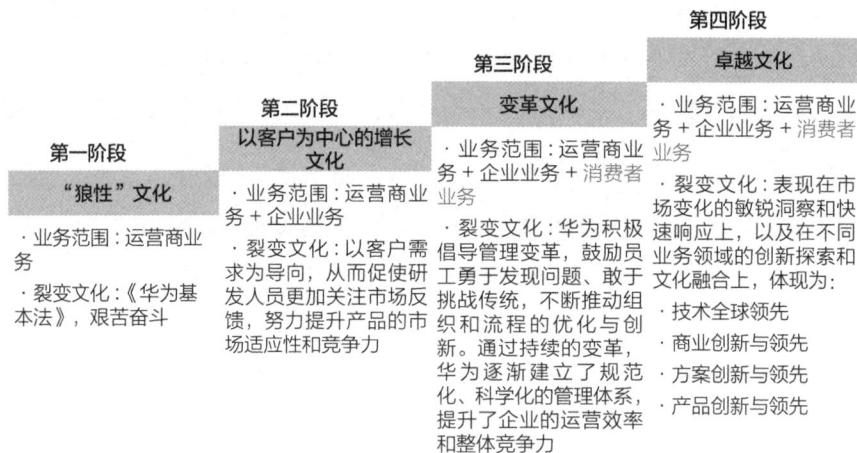

			第四阶段
			卓越文化
		第三阶段	·业务范围：运营商业务 + 企业业务 + 消费者业务
		变革文化	·裂变文化：表现在市场变化的敏锐洞察和快速响应上，以及在不同业务领域的创新探索和文化融合上，体现为：
	第二阶段	·业务范围：运营商业务 + 企业业务 + 消费者业务	·技术全球领先
	以客户为中心的增长文化	·裂变文化：华为积极倡导管理变革，鼓励员工勇于发现问题、敢于挑战传统，不断推动组织和流程的优化与创新。通过持续的变革，华为逐渐建立了规范化、科学化的管理体系，提升了企业的运营效率和整体竞争力	·商业创新与领先
第一阶段	·业务范围：运营商业务 + 企业业务		·方案创新与领先
"狼性"文化	·裂变文化：以客户需求为导向，从而促使研发人员更加关注市场反馈，努力提升产品的市场适应性和竞争力		·产品创新与领先
·业务范围：运营商业务			
·裂变文化：《华为基本法》，艰苦奋斗			

图 1-2 华为裂变文化

华为早期以运营商业务为核心。在这个阶段，华为就已经展现出了变革文化的特质。面对国际通信巨头的竞争和复杂的市场环境，华为并没有固步自封。例如，在通信技术从 2G 向 3G 迈进的时期，华为大力引入集成产品开发（Integrated Product Development，IPD）流程做商业裂变，不断提升产品商业竞争力。当时，全球通信标准复杂多样，华为的研发团队不畏艰难，深入研究不同标准的优劣，积极参与国际通信标准的制定。这种对技术变革的执着，让华为在运营商业务领域逐渐站稳脚跟。华为在全球各地为运营商建设通信网络，不断优化网络设备的性能和稳定性。以欧洲市场为例，华为与当地运营商紧密合作，根据欧洲复杂的地理环境和高人口密度地区的通信需求，定制化开发通信解决方案。这种以客户需求为导向，积极变革技术和服务的文化，让华为在运营商业务上赢得了声誉和市场份额。

随着电信设备市场的饱和，华为开始从运营商业务向企业业务领域裂变：集成通信市场的优势，但同时面临企业海量市场客户发展的困难。这一过程中，裂变文化依然是核心驱动力。华为意识到企业数字化转型的巨大需求，开始为企业提供包括云计算、大数据、物联网等在内的数字化解决方案。例如，在制造业领域，华为帮助传统制造企业实现智能化升级。一家汽车零部件制造企业面临生产效率低下、质量控制困难等问题，华为为其提供了基于物联网的解决方案：通过在生产设备上安装传感器，实现了设备间的互联互通和数据采集；同时，利用大数据分析技术对生产数据进行分析，优化生产流程，提高了产品质量和生产效率。

华为在企业业务领域的这种裂变，需要大量新技能和新型人才，例如发展企业渠道客户和不同行业的直接客户，从过去的集成或总包模式，转变为被集成的模式。裂变文化指引团队和人员统一思想和行为，及时调整业务策略。华为不缺乏技术和数字化方案方面的中端人才，但在进军市场方面比较缺乏懂行业应用的高端人才。因此，华为基于组织大平台能力，及时补充行业应用高端人才，从而避免重复性建设。

华为消费者业务的裂变堪称商业史上的经典案例，裂变文化的作用在这里发挥到了极致。华为从最初的白牌手机制造商，逐步发展成为全球知名的智能手机品牌。在这个过程中，华为在设计、研发、营销等各个环节都不断进行变化。华为从 2B 销售到 2C 销售的转变，是裂变文化促成了整个团队的大转型。2B 销售采用直客模式，面对面的交流与解决方案的呈现是这类销售团队的核心能力。2C 销售面对的是渠道客户和消费者，需求颗粒度比 2B 销售小很多，但广度和深度并不亚于 2B 销售，所以分析消费者群体从而识别关键需求、发展渠道商成为拓展消费者业务的难点。

除了在销售领域的变化，对比 2B 业务流程与管理，消费者业务在其他领域变化也非常大，可以说消费者业务不是华为 2B 业务延长线，而是业务难度提升好几个数量级。以手机拍照功能为例，华为持续投入研发，与徕卡等专业相机厂商合作，将先进的光学技术引入手机拍照领域。从 P 系列手机开始，华为手机的拍照质量实现了质的飞跃，几乎每一次新品发布都会带来新的拍照技术突破，如超级夜景模式、长焦摄影等功能，满足了消费者对手机拍照日益增长的需求。在芯片研发方面，海思麒麟芯片通过不断迭代升级，为华为手机提供了强大的性能支持。此外，华为在营销模式上也进行了大胆变革。在线上，通过社交媒体、电商平台等多种渠道与消费者互动，打造线上粉丝社区；在线下，积极拓展体验店，让消费者能够亲身体验华为产品的魅力。这种在消费者业务领域全方位的变革，使华为手机在全球市场获得了极高的用户忠诚度和市场占有率。

通过多次商业裂变，华为取得世界瞩目的成就。华为作为一家民营高科技公司，在全球 9 个国家建立了 5G 创新研究中心；全球研发中心总数达到 16 个，联合创新中心共 28 个；在全球加入 177 个标准组织和开源组织，在其中担任 183 个重要职位。在 5G 时代到来之际，华为已在全球 30 个国家获得了 46 个 5G 商用合同，5G 基站发货量超过 10 万个。

商业裂变的结果离不开其土壤——裂变文化。华为的创始人任正非高度重视企业文化的建设，他有一句名言："一杯咖啡吸收宇宙能量。"在他的带领下，华为积极建设企业文化，破除了故步自封、官僚自大、自我满足的文化陋习。

（1）"狼性"文化

"狼性"文化最具代表性的词语就是艰苦奋斗与自我批评，为了适应海外大发展的战略转型，华为要求以商业结果为导向来考核员工，"狼性"文化极大地帮助了"华为人"克服从中国本土市场向外扩张时期的艰难。华为鼓励员工进行自我批评，反思工作中的不足和问题。利用这种方式，能够及时发现企业内部存在的弊端和风险，为变革提供动力和方向。例如，华为的"蓝军"机制，专门用于对公司的战略、产品、解决方案等进行批判性审视，提出不同的观点和建议，促使公司不断优化和改进，让裂变文化能够开花结果。

（2）以客户为中心的增长文化

华为始终保持强烈的危机意识，即使在企业发展顺利时，也能清醒地认识到潜在的风险和挑战。这种危机意识促使华为主动进行变革，以应对未来的不确定性。如任正非多次强调华为的"冬天"即将到来，激励员工不断努力和变革，提升企业的抗风险能力。除此之外，增长文化是裂变文化的内核，如果一个组织不追求增长目标，基本上就没有动力去洞察商业变化，更谈不上商业裂变。

（3）变革文化

华为不断优化自身的管理体系，从引入 IPD、战略到执行（Develop Strategy to Execution，DSTE）到建立集成供应链（Integrated Supply Chain，ISC）管理体系，再到实施人力资源管理变革、财经领域变革等，通过这一系列持续的管理变革，提高了企业的运营效率和创新能力，为企业的持续发展奠定了坚实的基础。

（4）卓越文化

华为被誉为全球最具创新精神的高科技公司之一，商业和技术创新能力不仅使华为在通信市场占得市场第一，而且也让华为手机产品家喻户晓。在芯片研发上，海思麒麟芯片是华为创新实力的有力体现。海思麒麟芯片不断迭代升级，通过先进的制程工艺和独特的架构设计，实现了高性能与低功耗的结合。它为华为手机等终端设备提供了强大的"心脏"，使华为手机在处理复杂任务、图形渲染、AI 运算等方面表现卓越，提升了华为手机在全球智能手机市场的竞争力。

1.3.5　裂变文化与商业裂变的关系

商业裂变和裂变文化之间是一种相互促进、相互依存的关系。一方面，商业裂变的成功会进一步强化裂变文化；另一方面，如果没有裂变文化，商业裂变无从谈起。当企业通过拓展业务、扩大规模取得显著成果时，这种成功会在企业内部形成一种积极的反馈机制，让员工更加深刻地认同和践行裂变文化。企业的发展成果成了裂变文化最好的证明，激励员工继续保持创新、冒险等精神，推动企业在成功的道路上继续前行。

裂变文化持续推动商业裂变向更深层次发展。它促使企业不断寻找新的增长点、探索新的商业模式和市场机会。企业的商业裂变就像一颗种子，在裂变文化的滋养下，不断生根发芽、茁壮成长，呈现出持续、动态的发展过程。

如果企业不重视裂变文化的打造，就会出现战略难以推行、在新商业领域无法取得预期效果等诸多问题。例如，AT&T 凭借稳固的传统架构与流程，在通信市场稳扎稳打，铸就庞大商业版图。AT&T 的层级汇报、流程审批环环相扣，员工已习惯冗长的业务流程。当 AT&T 推行基于敏捷文化的 Domain2.0 战略时，企业需要软件定义的网络、敏捷商业迭代，企业文化成为最大的阻碍，使得 AT&T 新战略达到目标效果比预期要晚 5 年左右。

商业裂变的结果在企业规模、业务范围和市场影响力等方面体现得淋漓尽致。从企业规模上看，企业经历商业裂变后，资产规模、员工数量、营收等往往大幅增长。例如，一家原本只有数百万元资产的小型科技公司，在成功的商业裂变后，可能在短短几年内资产突破一亿元，员工团队从几十人扩充至上千人，年营收呈指数级上升。从业务范围上看，经历商业裂变后，企业不再局限于单一产品或服务。裂变文化的价值就是提醒投资者审视裂变的范围是否超越企业的核心优势。从市场影响力上看，原本只在局部地区或特定市场有一定知名度的企业，通过商业裂变可以成为全球知名品牌。以字节跳动为例，从国内市场起步，凭借抖音等一系列成功产品，在全球范围内获得了数亿用户，深刻地影响着全球互联网内容消费的模式，但这家企业的核心优势是算法技术和互联网平台的优势，其商业裂变并未超出企业的核心优势范围。

本章中，我们认识到量价齐升的增长追求是企业活下去的关键路径；进行了摩托罗拉和华为的对比，它们的发展历程告诉我们：企业要想在激烈的市场竞争中穿越生死线，实现可持续发展，必须高度重视商业裂变的价值，只有在危机中求生存，在机遇中求发展，才能不断提升企业的核心竞争力。商业裂变是对企业能力高度浓缩后的表达，任何一家企业都是一个生态系统，既需要与外部环境连接，又需要聚焦内核，建设能力和培养人才。本书后文将会围绕商业裂变地图来分享企业如何构建商业组织能力，实现高效的商业裂变。

第二章

只有战略领先才能商业领先

2.1 卓越最大的敌人是优秀

中国有不少优秀的企业，有些企业从成立到发展至今长达几十年，但规模和商业结果并不如预期，始终不能超越自我。这些企业的产品在行业领域已经走在世界前列，为什么不能从优秀走向卓越？正如吉姆所言，卓越最大的敌人是优秀。不少企业只有本土市场的竞争经验，没有全球化视角，或者一些企业家过于满足自己已经创造的优势，裹足不前。在深入研究 200 多家企业后，我发现：这些企业丧失了新生代企业的商业活力，在管理上比较薄弱，对员工低激励、低约束，企业发展无法踏上新台阶；一些优秀企业成为卓越企业，它们无一例外地采用愿景驱动组织发展，例如如何改变行业落后状况、如何成为全球行业领域的翘楚。

2.1.1 保持新生代企业的商业活力

怎么看一个市场是否具备创新活力？一个简单做法就是比较同一时期，新注册企业的数量。中国 2019—2023 年新注册企业日均数量如表 2-1 所示。胡润研究院发布的 2019 胡润全球独角兽榜显示，截至 2019 年 6 月 30 日，中国以 206 家的上榜企业总数首次超过美国的 203 家，位列第一。这也从侧面反映出中国新企业的诞生和发展具有较强的活力。

表 2-1　中国 2019—2023 年新注册企业日均数量

年份	日均数量 / 万户
2019 年	2.02
2020 年	2.2
2021 年	2.48
2022 年	2.38
2023 年	2.7

注：2022 年的日均数量根据国家统计局网站发布的 2020 年数据测算得出。

　　中国制造以创新能力闻名于全球，中国制造产业链以其超强的生态能量，为新创立企业提供了更高的起点。中国制造产业链究竟在哪些方面已经在世界范围内名列前茅？例如，截至 2022 年，中国拥有 8997 家专精特新"小巨人"企业，它们在各自的细分领域精耕细作。从全产业链的分布局势来看，专业的技术、精细的管理为产业创新提供土壤。海外不少企业对无人机有特殊需求：有的期望无人机搭载超精密探测仪，用于复杂矿山地形的资源勘探；有的则要求无人机能在极端气候下稳定航拍、实时回传高清画面。幸运的是，这些特殊需求在深圳找到了对接方。深圳作为全球无人机产业高地，产业链非常完整，从高端零部件制造，到前沿技术研发，再到个性化定制组装，一应俱全，精准匹配海外企业多样需求。

　　截至 2023 年，中国共有 62 家工厂跻身"灯塔工厂"行列，总数量继续位居全球第一，约占全球 153 家"灯塔工厂"总数的 40%。"灯塔工厂"被誉为"世界上最先进的工厂"和"全球化 4.0"的创新示范者，由世界经济论坛和麦肯锡咨询公司共同组织评选，其评选标准严格，需要集成至少 5 个世界级领先水平的技术应用。"灯塔工厂"引领制造业的发展方向，新创企业可以学习其先进的生产理念和技术应用，加速自身的数字化转型。

　　中国的 20 万家省级和地市级专精特新企业形成了庞大的创新群体，它们共同推动着技术进步和产业升级。新创企业在这样的环境中，能够融入创新生态，共享资源与市场。以富士康在晋城的产业集群为例，该集群内现有企业110家，其中小企业109家，专精特新企业18家，国家级专精特新"小巨人"企业1家。这显示出富士康产业集群对当地专精特新企业的培育起到了一定的推动作用。富士康的产业布局和业务需求，促使一些配套企业不断提高技术水平和产品质量，向专精特新方向发展。而且富士康还会通过加速营、供需对接等活动，为当地专精特新企业提供发展机会和支持。

中国的400个产业集群为新创企业提供了完善的产业链配套和协同创新的平台。企业可以在集群中高效获取原材料、零部件和专业服务，降低成本，提高效率，加速创新成果的转化。例如，徐州被中国机械工业联合会授予"中国工程机械之都"称号，是国家装备制造（工程机械）示范基地（五星级）。这里的工程机械产业吸纳就业能力强，技术、资金密集，拥有徐工集团等知名企业，产品涵盖起重机、挖掘机、压路机等多个品类，在国内外市场具有较高的占有率。

在如此强大的产业供应链条下，中国市场新成立的企业宛如新生的婴儿，驱动中国市场朝着创新的方向发展。在新时代的浪潮中，新企业携带着新思想和领先的基础条件，迸发出独特的发展活力。与老企业相比，新企业能够以更加开放的心态面向市场，改变行业落后面貌。它们不受传统思维的束缚，勇于尝试新的商业模式和管理理念，以创新为驱动，不断探索未知的领域。新企业的团队往往年轻而富有激情，充满创造力和冒险精神，他们敢于挑战权威，打破常规，为企业注入源源不断的活力。

例如，我辅导过深圳龙华区的一家团餐制造企业——Y公司，帮助其进行战略规划和商业布局。Y公司的主营业务校园餐饮成立于2017年，直至2021年该业务才面向客户开放，对外提供真正的餐饮服务。这宝贵的4年时间，企业都用来做什么？十分关键的一点就是梳理战略，打造精益供餐的系统，而这套系统成熟时间正常可能需要10年，而Y公司只用短短3年时间就完成概念验证和制造验证，可以对外提供服务。我们一起来揭开其战略势能和商业成功的秘密。

2017 年，出现了一些由校园餐饮卫生不合规引发的安全事件，那么是哪里出了问题？根源还是餐饮产品未标准化。

Y 公司创始团队的成员基本上都是行业老兵，他们中资历最深的已在餐饮服务行业深耕 20 余年。他们具备食品工程的国际视野，同时拥有国内外大型企业的工作经验，具备较强的食品安全管理和精益生产管理能力。面对上述问题，这个团队创新式提出战略构想：一定要为校园提供美味可口且丰富的标准化食品。其难点就在中餐如何标准化，如何进行丰富且新鲜的食材的供应链管理，以及如何解决配送难题。

基于食品工程的底层逻辑，这个团队认为：只有把食品安全作为企业价值定位，以企业最高纲领来设计业务，才能实现自己的战略势能。其独特性体现在：要想低成本、高效率地为校园提供体验最优的服务，就需要自建创新式的餐饮工厂。当前市场上没有拥有这样产能的工厂，即使有，其食品安全也不能完全满足国际标准。这个团队多次去海外考察，最终总结出自己的商业创新秘诀，就是高度标准化的中餐产品 + 热链配送体系，为中国孩子打造“中国饭碗”。

这些想法是大胆的，也使得企业在发展初期遇到难以想象的困难。例如，其独特的无管道排烟设计，以及完全可以用水冲洗的墙壁，虽然能保证食品安全符合国际标准，但不完全符合我国市场监督管理机构的排烟管道要求。甚至差一点，这家企业就胎死腹中，无法获得营业执照。最终企业团队拿着海外的实践成果和标准，获得了市场监督管理机构的认可。这也是创业过程中最难的地方：改变行业认知，刷新行业准则。再例如，为了减少工厂占地面积，提升有效利用率，Y 公司创始人找到资深人员，对用于生产制造的锅做创新。经过创新的锅，能够被反转清洗，因此就可以减少时间上的投入，一条生产线可以多次排产，为业务提供极高的灵活性。

Y 公司是团餐行业的创新者，其愿景是促进中国团餐行业进步，这成为企业发展极大的动力。不管遇到多少困难，Y 公司都以团队的集体智慧实现商业层面的执行。企业能够对外最大的价值化，其实是要求企业内核能量很强。Y

公司基于精益思想的制造流程和产品管理方式，让整个餐品制造链条的价值最大化，把资金的大头都放在采购新鲜的食材上，对准客户诉求创造价值，而不是采用一些同行的做法：差中选优，大部分团队都是一个服务水准。降低食材的丰富性或质量要求，简单通过量产的能力满足大批客户的需求，这样虽然可以保障企业的利润，但却忽略了客户体验不够好的问题。

这个难题，通过 Y 公司的战略创新获得了解决方案。因此，战略势能对新企业而言，无疑是打开企业"生门"的钥匙，是高成长企业最为宝贵的特质之一。什么是商业领先？就是面向未来，企业在行业中可以发挥最大化的商业价值，能够比同行领先。一个清晰而富有前瞻性的战略能够为新企业指明发展方向，激发团队的创新意识和能力，从而引领企业在激烈的市场竞争中获胜。而一家企业脱离行业真实场景来谈战略领先，是没有意义的。例如，对比 Y 公司和传统的团餐企业，我们会发现，Y 公司拥有新的战略势能，它能够改变这个行业的一些不合理之处，使得企业战略和商业同时领先。而与之相反的是，一些市场上的老牌行业龙头企业，因为缺乏战略势能，在商业上只能一步步下滑，甚至退出历史舞台。

2.1.2　失去战略势能就无法商业领先

从摩托罗拉的案例中，我们可以深刻地体会到市场需求的重大变化对企业造成的巨大冲击。曾经辉煌一时的摩托罗拉，早期在通信行业占据着举足轻重的地位。然而，随着市场的不断变化，摩托罗拉未能准确预判行业发展趋势，逐渐失去了往日的荣光。战略机遇下，产品是否可以率先商用成了企业发展的生死线。当其他企业积极投入研发，推动新技术的规模化商用时，摩托罗拉却在关键战略决策上犹豫不决，错失了发展智能手机和地面通信网络的良机。

战略势能，是企业在市场面向未来竞争中所具备的一种潜在力量。它涵盖了企业的品牌影响力、技术实力、创新能力、市场份额及对未来趋势的洞察力等多个方面。拥有强大战略势能的企业，能够在市场变化中迅速调整战略，抢占先机，实现持续发展。本书对照多个企业发展的真实案例，识别企业穿越生死线的能力——战略领先力。

以苹果公司为例，在智能手机市场兴起之际，苹果公司准确地预判了行业发展趋势，推出了具有革命性的 iPhone 手机。苹果公司凭借其强大的品牌影响力、卓越的技术实力和创新的设计理念，迅速在全球范围内实现了产品的规模化商用。苹果公司的战略势能不仅体现在其硬件产品上，还体现在其完善的生态系统上。通过整合软件、服务和硬件，苹果公司为用户提供了极致的智能手机体验，特别是随时随地高速上网和美拍功能，进一步巩固了其在市场中的领先地位。而华为手机，就是在战略势能方面，紧随苹果手机的策略，从而也在中国市场闯开一片天地。

再看三星，这家全球知名的科技企业同样拥有强大的战略势能。在消费电子产品领域，三星以其卓越的技术实力和创新能力著称。三星在显示屏技术方面一直处于领先地位，无论是 AMOLED 屏幕还是量子点技术，都为消费者带来了极致的视觉体验。在智能手机市场，三星不断推出具有创新性的产品，从高端旗舰机型到中低端性价比机型，满足了不同消费者的需求。此外，三星还在半导体、家电等领域拥有强大的竞争力。三星的战略势能体现在其对产业链的垂直整合能力上，从芯片制造到终端产品销售，三星实现了对全产业链的掌控。这种垂直整合不仅提高了生产效率、降低了成本，还增强了企业在市场变化中的抗风险能力。

除了智能手机，在互联网行业，也是以价值为王的。腾讯在互联网行业的发展中，也展现出了强大的战略势能。腾讯准确地把握了社交网络的发展趋势，推出了 QQ 和微信等社交产品，迅速积累了庞大的用户群体。在此基础上，腾讯通过不断拓展业务领域，涉足游戏、金融科技、数字内容等多个领域，实现了商业领先的发展。腾讯的战略势能在于其对用户需求的深刻理解和快速响应，以及不断在社交软件领域创新，不断给用户带来优质体验，因此腾讯实现了持续的商业领先。

战略势能对大部分企业来说，不是企业管理团队看不到，而往往是做不到。特别是在具有前瞻性的发展方向上，往往投入大，回报却可能不稳定。例如，华为手机刚刚上市时，不少用户抱怨体验不够好，但华为的强项是只要验证过是真的需求，就会在后续产品中持续攻关技术或卡点问题，从而追赶上竞争对手的旗舰产品。经过迭代和累加后，华为手机最终超越竞争对手的旗舰产品，这就是战略领先带来商业领先的证明。

2.1.3　在有限资源下取舍才能突破自我

战略就是在有限资源下的取舍，任正非说，绝不在非战略机会点浪费战略资源。在企业资源有限的情况下，必须将资源高度集中于战略机会点，避免在非战略机会点上分散和浪费资源，只有坚守这样的原则才能打造战略穿透力。因为企业的资源永远都是有限的，而客户的需求是无限的，所以这是一种极为明智的资源配置原则。只有将资源集中投入真正能够为企业带来重大突破、长期商业竞争优势和高利润回报的战略机会点，企业才能够在激烈的市场竞争中实现快速发展和持续成功。

企业需要根据自身的战略目标和市场定位，基于战略机会点来做出取舍。在市场变化时期，企业可能需要放弃一些短期利益，集中资源投入具有战略意义的领域。例如，在面对新技术的冲击时，企业可能需要果断放弃传统业务，全力投入新技术的研发和应用中。同时，企业也要学会在不同的业务领域之间进行平衡，避免过度扩张导致资源分散和管理难度加大。

一个行业的创新者往往是第一个吃螃蟹的企业，面临诸多困难。初创企业的前期投入资金额度大，创新举措的验证时间长，企业就可能出现资金短缺的问题，从而逼近生死线。例如，Y公司就经历过多次生死关。

第一个生死关，是Y公司的创新厨房打破了行业惯例，需要去影响行业市场标准的定义。这个难度非常大，创始团队需要有破釜沉舟的勇气，才能度过这个生死关。创始团队通过多次与行业协会、有关部门沟通，从而使得其同意对校园餐饮的创新尝试。

第二个生死关，是初期的客户满意度并不高。如何改变团餐的口味，是非常专业且难以在短时间内解决的问题。创新厨房不需要厨师现场制作，而是先把产品的配方都标准化，要求操作工按食谱和流程进行严格操作，例如规定放入多少克肉、多少克蔬菜、多少克调味料，以及在几分钟内完成制作，从而使得原本需要 300 人操作，现在仅需要 50 人，为企业和客户都带来低成本。这些创新，使得企业必然面临挑战：刚开始 3 个月内，客户对 Y 公司产品的满意度并不高。为了满足 1000 多人同时就餐的需求，团队先采用了大批量制作的方式，就放弃了对体验感的高要求，菜品的口味就不够好，但在时效方面满足了团餐的供餐要求。但团队并未放弃优化，他们始终坚持为客户提供美味的食物。当制作、配餐和供应流程跑通后，团队开始采用小批量制作的方式，经过 5 个月的不断尝试，持续改善菜品的口味，从而使得大锅的制作水准和小炒差不多。

第三个生死关，就是资金的分配和使用问题。Y 公司在 2022 年遇到资金不足的问题，此时刚刚投产 1 年，离战略目标中设想的 3 万客户量还有差距。我作为战略咨询顾问，帮助 Y 公司坚定了市场化的战略路线，在校园餐饮关系无法快速发展的情况下，我们启动了企业团队，使得资金流流转得到快速改变。

Y 公司以极快的速度成长为团餐行业的佼佼者，不管是管理方面，还是业务方面，都创造了行业内的多个第一，例如：效率第一、体验第一、价值第一等等。这家企业多次度过生死关，企业创始团队在关键时刻做出了正确的战略取舍，这是企业管理能力提升的重要表现。同时，一个初创企业能够挑战行业既有的规则，通过识别战略机会点从而建立新的战略势能，与企业的战略思想也有非常大的关系。创始团队基于数字化平台来设计整个业务的运营和管理，这样的投入在一些同行企业看来，可能会觉得他们乱花钱。但这样的战略取舍，使得 Y 公司的业务能围绕客户需求，让精益管理的价值真正发挥出来，能够同时做到：更低的成本、更好的体验、更优质的服务。

2.2　基于商业裂变地图实现商业领先

Y 公司的战略领先，不仅给这家企业带来了商业的快速发展，也让很多固守传统做法的团餐企业提升了认知：原来校园团餐可以实现高度的产品标准化，行业人士普遍持有校园团餐要么就是厨师现做（产品由厨师自己决定），要么就是中餐标准化只能通过预制菜来做的错误思路，而校园团餐不允许使用预制菜，这就意味着还有值得企业探索的道路。战略领先能给企业发展提供更大的市场空间。

我遇到过浙江省一家规模相对较小的环保产品企业（以下简称 N 公司），其主营产品是脱硝催化剂、除尘布袋、除尘滤袋等。N 公司的创始人总是感叹企业当前的困难：当前企业雇主品牌的知名度不够；优秀的新型人才被行业头部获取，从而当前企业获取的人才不够多，质量也不够好，他认为这是限制企业发展的最大因素。在谈到向华为学习时，创始人认为人才是企业最活跃的生产要素，当前对他启发最大的就是任正非的人才观，企业最重要的事情就是吸引优秀人才来改变当前的劣势。

优秀的人才对企业固然重要，但企业的发展机遇也同样重要。不少企业就是缺少具有吸引力的战略机会，从而无法吸引高端人才的加入。试想，如果一家企业连研发经费都拿不出来，就难以吸引科研人才加入。因此，一个寻求高质量发展的企业，或者正处于高速成长阶段的企业，需要辩证地看待人才与战略机会点之间的关系。除高薪等物质激励外，战略性的产业发展机遇也是企业获得高端人才的法宝。

2.2.1　战略领先为商业领先奠定格局

战略领先给企业带来的好处可以说是被企业所低估的，甚至可以说有些企业对其视而不见。以 Y 公司为例，企业创始团队从企业成立起就明确战略领先的目标：为中国孩子打造"中国饭碗"。仅凭这个愿景，Y 公司的创始团队就吸引到很多优秀的人才，帮助企业解决初期发展中诸多看似无法解决的难题。例如，Y公司凭这个愿景吸引到了曾经在雀巢、肯德基等知名公司就职的专业供应链管理人才，从而解决了企业供应商资源不够丰富，采购成本过高的难题。

Y公司想要改变当前行业整体局面，只有从食材、加工、配送、营养搭配等各个方面去做根本性的改变，才能让利给海量的客户群体。让中国孩子吃好饭，才能提高中国孩子的身体素质。

打造战略驱动的企业，只有战略领先才能商业领先，这样目标才足够激励人心，不管是物质层面还是精神层面。文化即战略，战略的最高层次就是从战略转化为愿景，成为企业的文化，成为每个奋斗者的"血液"。

（1）追求战略领先从而捕捉到重大战略机遇

对一家追求战略领先的企业来说，战略本身就具备影响力和号召力。例如Y公司，从企业成立起就致力于打破行业旧规，改变行业整体局面，从而吸引志同道合的合作伙伴。这个创始团队不是单纯为了赚钱而成立企业的，而是具备领先的理念和文化内核，以改变行业整体局面为主要目标的，从而使企业能够抓住建设校园精益厨房的战略机遇。这家企业本身规模不大，算是"小而美"的企业。企业运作极为精简，组织足够扁平化，没有过多的管理层级，使企业可以保持高速发展的态势，每年都能够提前完成业绩目标。

（2）基于价值循环，为客户创造最大化的价值

一些创业型企业一直苦恼于如何用最短的时间和最低的成本构建价值循环体系。华为的价值循环体系构建时间长达十年，作为高速成长型企业，需要更加轻量化的方法来实现商业价值循环。价值创造是业务战略驱动的，而价值评估和价值分配则属于人力资源体系的范畴。企业无法为客户创造最大化的价值，但急于找到价值评估的方法，就等于本末倒置。

Y公司把精益管理作为能力，把为客户提供高品质的餐饮产品和服务作为抓手，在价值创造方面，价值空间是基于优质食材、平价产品、最低成本之间

做减法产生的。换句话说，企业运作效率高、在非价值环节的浪费少，成本哪怕比同行高一点，企业创造出来的最终价值仍然是可观的。

（3）以愿景为驱动，不断创新不断吸引商业人才

成为全球健康餐饮产业引领者，是 Y 公司愿景的另外一个表达方式。这个愿景对标全球化的餐饮企业，如麦当劳、雀巢。为了实现这个愿景，需要不断从外部吸取最佳实践经验，从顶层设计的角度出发，做好里程碑发展的管理。中国企业凭什么可以领先？就是要结合具体客户需求和业务场景进行创新，例如中式餐饮厨房，由于中餐的多样性和标准化要求很难同时达到，于是 Y 公司整个创始团队就围绕这个难啃的命题展开工作，最终实现业务创新。

创始团队找来曾经在雀巢负责产品研发的工程师，专门对产品的口味进行预研和设计。少油少盐的菜品有助于身体健康，但少油少盐的菜品往往口味欠佳，在这样对立的需求场景中，丰富团餐菜品是行业难题。再就是在不使用大量调味料的前提下提升口味，是这个团队研究的核心难题。

与 Y 公司战略领先带来的成果相比，不追求战略领先的企业无异于放弃改变自身命运的机会。缺乏战略领先的企业会陷入不良循环，而企业家或管理团队却常常坐视不管，从而错失最佳发展机遇。

一些中小企业以缺少人才来源作为理由，制定出较为保守的人才战略，这使得企业的前途变得更加渺茫。因为缺乏资金、技术或人才，企业家便认为需要去寻找更为细分的市场机会。然而，细分市场机会的窗口期往往比较短，企业可能还没来得及执行，就会发现机会已然流失。此外，一些企业内部管理混乱，没有团队专职负责对未来战略进行研究，也是错失人才的重要原因。

若干企业的实践证明，成为愿景驱动型企业，可以解决高速成长型企业人才短缺的问题。当商业领先时，再去投资新人才的培养，假以时日，才能形成良性的人才循环。

2.2.2　商业领先与商业裂变地图

商业裂变的概念，并不是本书第一次提出来的。人们较为熟悉的是互联网模式下网络营销带来的商业裂变，例如用户裂变、组织裂变、渠道裂变、品牌裂变等。常规的互联网企业强调基于社交网络实现商业裂变。互联网企业具备多边交易的平台，或搜索平台，或社交平台，一般互联网企业很少做实业。而这里从实业型企业的视角，聚焦企业内生式的商业裂变，这样的商业裂变能力是基于企业自身的商业裂变地图产生的。商业裂变地图中的每个模块环环相扣、相互依存，不能割裂地看其中的某个模块，如图 2-1 所示。

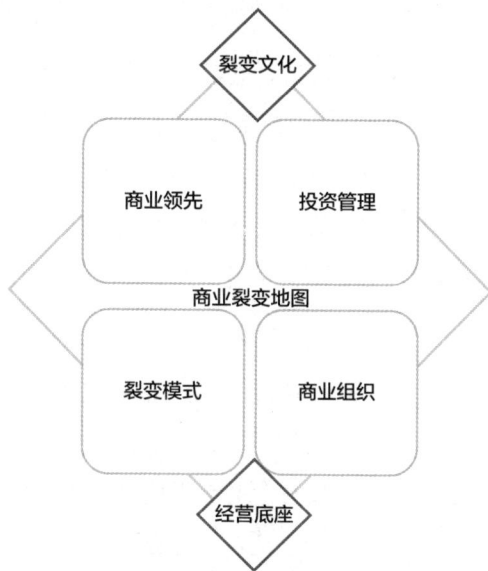

图 2-1　商业裂变地图

商业裂变地图并不是一朝一夕构建起来的，而是在华为经过若干年的战略与商业发展，完成从运营商业务到企业业务裂变，从企业业务到消费者业务裂变后，我结合高速成长型企业的成功实践总结出来的。商业裂变地图具备企业视角的普适性，但也有其局限性。商业裂变地图可以帮助很多实业型企业看清楚如何基于自身能力，在网络效应的支持下，实现超速发展。

裂变文化对传统实业型企业来说是稀缺的，传统实业型企业的组织往往更加聚焦产出或生产，组织的惯性很大。例如生产型企业强调按计划生产，对准确性要求高、劳动强度大，这样的企业可能很少接触到终端产品侧的需求，裂变对其来说比较遥远。而按订单生产则要求企业具备裂变文化，准确判断什么样的订单可以接，掌握如何针对需求和市场变化进行调整。商业裂变无处不在，但有思想准备的企业太少。

追求商业领先的企业往往都具备领先的战略，因为只有追求未来的成功，才能对当下的不足做出改变，相反，如果企业满足于当下的情况，最终发展的结果可能是价格战、成本战、规模战。我帮助过一百多家企业做战略梳理，从战略领先视角，帮助企业聚焦核心战略势能，从而形成商业领先的闭环。

很多实业型企业连基本业务投资管理都做不到位，甚至不知道怎么做好高质量的商业决策。参考制造类企业的实践，产品投资管理、技术投资管理、商业投资管理是实业型企业投资管理的核心内容，将产品开发视为一种投资行为，而非一种单纯的产品开发行为，要求组织对商业结果负责。以下是很多客户对我的投资管理咨询服务的评价：拒绝不对客户负责的研发行为，扭亏为盈是关键。

裂变模式是基于企业的商业成功经验，打磨自己的商业模式。企业应结合最新市场趋势和竞争情况，形成裂变模式。例如，过去企业往往根据成本定价，基于产品定价、交易定价、项目商务都需要看成本；而现在，更多企业愿意基于价值定价来做商业模式设计，让企业能够面对激烈的竞争。需要回答在哪些层面裂变，如何裂变客户才愿意为此买单等问题。

商业组织是以营利为目的而存在的团队或企业业务单元。任何商业领先都是由商业组织有计划、有步骤地完成的，虽然 AI 时代，AI 技术的应用创新，例如智能机械臂、数字人、数字员工等，在一定程度上能替代人进行低端、高危或重复性的工作，但其远远不能全面替代人来做决策，特别是在面对面的客户发展、客户交流等重要场景中。商业组织设计和发展，是商业裂变成功的基础。对准价值循环来发展商业组织，是华为商业成功的密码。

经营底座往往源自企业家的看家本领。很多中小企业的领导者自己把握整个企业的经营大权，但企业始终原地踏步，就是因为企业经营底座出了问题。要建立良好的经营底座，企业家要能够分权分责，进行专业化的经营能力建设，为企业未来的商业领先打好基础。经营底座犹如企业经营大盘，需要企业进行顶层设计时就纳入范围，且企业日常经营时做到盈亏平衡，才能稳住大盘，为企业发展提供宝贵的资金。

这 6 个模块之间，由一根因果线穿插，最终帮助企业实现商业价值循环。裂变文化催生商业裂变，因此如果企业在文化层面没有任何想法，商业裂变就无从谈起；而其他 5 个模块则支撑商业价值循环的构建。基于商业裂变地图去做商业裂变，如同从山顶向下滚雪球，雪球会越来越大；相反，没有基于商业裂变地图去做商业裂变，就如同从山脚向上滚雪球，阻力大于动力。在激烈的竞争中，商业创新是永无止境的，企业需要将这 6 个模块连接起来，持续循环地去构建组织能力来夯实裂变基础。识别和抓准商业裂变主线是企业实现规模化商业成功的核心法宝。往往不同企业处于不同的发展阶段，遇到的裂变问题表现都不一样，如有些企业被卡在产品上市阶段、有些企业被卡在生产或采购环节，而商业裂变做得不好的企业的共同特征是缺乏经营底座，产品竞争力有限，商业变现能力弱，成交不稳定，销售成本过高，从而最终让企业丧失竞争优势。

2.3　商业组织能力发展

数智时代带给人们最大的变化是什么？信息传播速度超越过往任何时代。诸多企业仿若迷失在网络营销的"喧嚣幻境"中，押注于公域流量转化，冀望借此撑起商业大厦，却忽视客户层面的精耕细作。诸多企业秉持"以产品为中心"的思维去打造"爆品"，臆想一夜成名、流量变现，然而大部分企业的品牌 IP 打造最终都是昙花一现。有些不善于做品牌管理的企业，由于在品牌宣传方面过多消耗企业资金，深陷得不偿失的泥沼，在短暂喧嚣后迅速沉寂于市场。

反观华为，一路披荆斩棘，从无名之辈到制造行业翘楚，熟练应用网络营销的平台和技术打造了商业帝国，其商业成功的秘诀镌刻于"成就客户"的基石之上，同时离不开商业组织能力的发展。回溯华为商业组织的建设过程，恰似一部波澜壮阔的奋斗史诗，处处彰显以客户为本的智慧光芒。

2.3.1　华为商业组织能力发展历程

在 2000 年左右，华为扎根通信领域。当时通信行业被爱立信、诺基亚、西门子、思科等国际巨头把持，华为的产品资源、技术皆不占优，华为坚持自己的人才发展管理理念"用优秀的人培养更优秀的人"，不断发展和壮大区域商业组织。从个人角度看，没有人愿意远离家庭长期驻守区域商业组织，但从组织发展诉求看，只有区域商业组织成功，华为的战略大转移才能成功。从 2000 年开始，华为派遣大量工程师奔赴海外市场，这些人又培养出更多优秀的人才。例如华为的总干部部长彭中阳，大约在 1997 年加入华为，先后担任过华南片区工程师、俄罗斯代表处传输项目经理及拓展工程师、也门代表处代表、中东北非地区部总裁助理、北非地区部总裁等。彭中阳刚去海外的时候，讲不好英文，他自述用微笑去连接外籍员工。但随着这些有成功业务经验的人去海外扎根，华为的海外商业组织逐步发展壮大起来。

当时的华为，在商业组织能力上是落后的，华为向谁学习？华为只能向自己的竞争对手学习。爱立信作为通信领域老牌劲旅，其成熟且高效的供应链管理体系犹如精密的时钟，零部件采购、生产调配、物流运输环环相扣。华为从中领悟供应链协同的精髓，学习构建全球化供应商网络，与核心零部件供应商建立战略伙伴关系，确保物料供应稳定、成本可控。华为还借鉴了爱立信的库存精细化管理，依据市场波动、项目进度动态调整库存，避免库存积压与缺货。在全球运维层面，爱立信遍布世界的服务网点、标准化的故障响应流程，启迪华为搭建"7×24"小时运维机制，培养本地服务团队，实现远程监控与现场抢修高效联动，保障通信设备持续运行和高度可靠，从而极大提升客户满意度与品牌口碑。华为商业组织能力发展历程如图 2-2 所示。

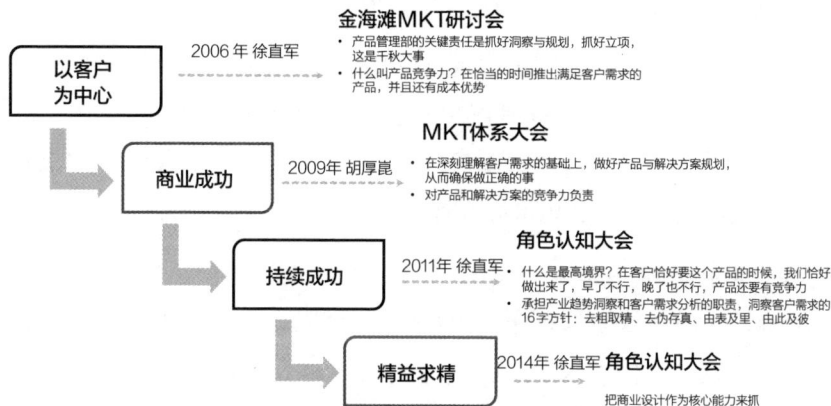

图 2-2　华为商业组织能力发展历程

在业务快速发展过程中，华为也历经了从无管理到有管理的过程。商业组织能力建设是华为高度重视的，从原来非专业化的营销到营销大平台建设，历时 8 年之久。华为从无到有构建矩阵式的商业组织，这个组织由销售部门、营销部门、地区部、代表处、系统部、业务单元的营销组织共同组成。

回顾华为当年建设营销体系，其过程充满质疑与艰难。华为第一任战略与营销总裁是徐直军，在华为，几乎没有什么事情是徐直军做不到的，哪里需要建设体系就把徐直军派到哪里。华为意识到以客户为中心、成就客户的重要性，从而在 2006 年成立独立的团队负责客户需求管理、产品规划、产品上市、市场营销等工作，这个部门就是华为营销部门。当时不少人质疑为什么要让营销队伍独立于销售队伍，甚至不少一线的主管认为营销和销售是一家的，但实际上从专业能力建设看，两者是有区别的。这个部门刚刚成立时，没有几个人说得清楚这个部门的主要职责和组织贡献是什么，不少业务主管就拉着营销部门的人去"打杂"。

2008 年，在徐直军的带领下，MKT 体系狠抓市场洞察与产品规划能力，以及商业立项工作，徐直军认为这是华为的千秋大事。当时没有几个"华为人"可以讲清楚什么是产品竞争力，徐直军给出这个问题的答案：在恰当的时间推出满足客户需求的产品，并且还有成本优势。这个组织关键能力的建设，让华为摆脱低价竞争，走出产品质量不稳定的泥沼。由于营销部门能够提前与客户沟通，明确业务场景和价值需求，因此营销部门能为华为产品开发团队争取宝贵的时间，从而让产品能够不断迭代优化，在原本不够完善的前一个产品版本上，快速升级或迭代 2~3 个版本。这样华为就能以低于竞争对手的价格提供更好的产品，从而逐步领先于竞争对手。

后来，营销体系与销售体系有了明确分工，华为通过营销人才标准和任职通道的建设，明确营销队伍的主要职责和组织贡献，实现了营销队伍的专业能力提升。因此人才价值识别、人才定义是华为商业人才梯队建设的重要环节。

华为战略与 MKT 体系能够通过深入的市场调研和分析，精准地确定华为产品在全球不同市场的定位，从而为华为产品制定差异化的竞争策略。在全球通信市场竞争激烈的环境下，通过对竞争对手的分析，华为可以找到自己的优势所在。比如，在芯片研发方面，华为与竞争对手相比，能够利用自主研发的麒麟芯片，为智能手机提供独特的性能优势。战略与 MKT 体系可以将这种优势放大，通过有效的营销手段，向市场传递华为产品的独特价值，从而吸引更多客户。通过对客户需求的持续跟踪和反馈，华为可以为客户提供个性化的解决方案。在运营商客户方面，华为可以根据不同运营商的网络建设需求、成本预算等因素，提供定制化的通信设备和服务套餐；在消费者客户方面，华为可以通过优质的售后服务和客户关怀活动，提升客户忠诚度，促进客户长期购买和口碑传播。

爱立信在无线市场的商业成功，让华为意识到自己商业管理方面的薄弱。爱立信在无线市场将定价量纲的精细化管理运用至极致，其开创性地运用爱尔兰（Erlang）作为关键定价量纲。爱尔兰作为衡量通信业务量与系统容量的经典指标，根植于话务理论与通信流量科学，爱立信借此深挖业务价值逻辑。爱立信在无线网络规划初期，依据不同区域、时段的预估爱尔兰值，精准锚定网络负载压力与潜在业务流量规模。在繁华都市的商业核心区，日间办公时段通信需求呈井喷态势，爱尔兰值飙升，对应定价匹配高流量套餐，确保资源投入与产出成正比；而在城郊住宅区，夜晚时段为流量低谷，伴随爱尔兰值回落，价格方案随之灵活调整，贴合低负载、基础服务需求。爱立信依循流量潮汐定制价格，让每一计费单元都紧密关联实际耗用资源，把价值颗粒度雕琢至毫厘。

"华为人"用自己的专业性证明了营销商业组织的独特价值：对产品和解决方案的竞争力负责，把商业设计能力作为组织的核心能力。随着华为商业组织大平台能力的构建，华为产品和解决方案可以卖出更好的价格，获得更多利润。到2011年，这个组织发展到万人左右的规模。但华为当时的商业设计能力落后于爱立信，特别是无线网络按流量收费这一块，至少需要几年时间才能追赶上爱立信。

虽然爱立信商业管理非常成功，但整个公司在2014年之后却陷入缓慢发展的状态。爱立信先后面临诸多困境：在网络管理服务板块，合同质量堪忧，拟定合同时对成本、交付细则把控失准，执行中运维成本超支，深陷亏损泥沼；研发投入上，战略短视，削减开支，在核心技术、智能运维等创新赛道滞后，产品迭代缓慢，市场份额随之锐减，竞争力大打折扣；在中国市场，对测试驱动的开发（Test Driven Development，TDD）建设机遇缺乏敏感度，受限于技术适配、战略布局短板，错过发展浪潮，市场存在感减弱。

曾经，爱立信作为华为的"老师"，以先行优势示范，但最终由于其商业投资和管理上的重大失误，还是逐渐走下坡路。但华为厚积薄发、砥砺奋进，产品竞争力堪称卓越，基站设备与芯片自研成果斐然，巴龙、天罡芯片赋能终端与基站，软件智能网管巧用大数据、AI优化运维，软硬件整合优化商业解决方案，铸就高品质口碑。华为精细化的商业管理更是点睛之笔，市场策略精准定位全球需求，依区域差异定制方案；IPD、LTC（Lead to Cash）流程严管产品全周期和销售业务，让华为的商业管理进入成熟阶段。

华为逐步构建卓越盈利能力，结合客户感知、竞争对手引导策略，进行解决方案盈利设计，包括客户预期管理、客户感知设计、客户投资节奏设计、客户比价标准设计、模式价位设计、产品结构设计等。商业管理大平台的建设，将内部相关策略形成统一语言，指导不同层级客户交流，最终完成盈利规划在营销和销售层面的结果。

从华为和爱立信的对比中，我们看到：华为逐步构建商业组织以及平台能力，步步为营，提高市场份额，最终在商业上成功超越爱立信，成为全球电信网络设备供应商巨头，书写商业组织能力的逆袭传奇。

2.3.2　如何构建商业领军梯队

任何一个组织的成功，都离不开优秀的人才。当下实业型企业的发展频频受阻于商业人才匮乏的暗礁，市场、销售、产品规划、全球化商业人才稀缺，制约着企业规模化发展，且人才培养过程需要不少投入，不少企业在商业人才培养方面耗时耗力，亟待破局。

实业型企业的商业人才发展，需打破多学科知识专业壁垒。传统商学院培养的商业人才偏管理型，在制造业商业场景下，往往出现实践经验不足的情况。以材料企业为例，其商业人才既要精通材料学原理、性能参数，掌握各类材料在建筑、电子等多领域的应用场景，又要研习市场营销学、消费者行为学，剖析市场竞争格局。不同知识体系跨度大，学习难度高，人才需长时间沉淀消化，企业的人才培养成本大、周期长。商业人才发展模型与方法如图 2-3 所示。

飞轮体系　　　　　　人才发展模型　　　　　人才技能发展路径

图 2-3　商业人才发展模型与方法

华为的企业动力系统，离不开企业的拉力系统：以客户为中心，以市场为导向。将对营销队伍的激励作为组织吸引力、人才队伍的建设作为推动力、自我批判能力作为内驱力，华为营销与销售人才可以紧密协作，结合大平台精兵作战的组织阵形，让华为在全球市场处于领先地位。

很多企业不知道构建自己的动力系统，在营销和销售人才等商业人才队伍建设上急功近利，得不偿失。华为从人才增值（价值）、人才定义、人才发展、人才任用、人才激励这5个维度构建人才飞轮，使得商业价值形成闭环。在添加市场数据、行业高端人才等"燃料"后，人才飞轮至今仍然在高速旋转，推动华为不断走向一个又一个辉煌。华为人才飞轮如图2-4所示。

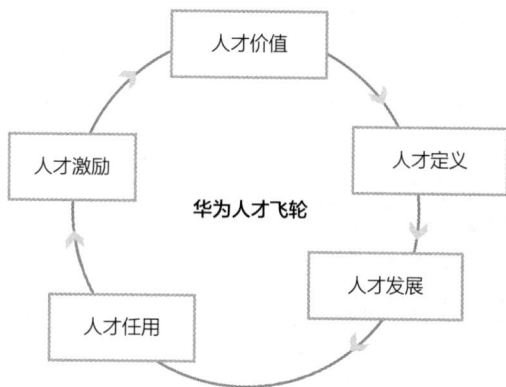

图2-4　华为人才飞轮

（1）人才增值大于财务增值

2006年，华为成立战略与营销部门之际，商业人才匮乏的现状促使其审视未来发展之路。在对标爱立信组织结构的过程中，华为深刻洞察到战略与营销部门蕴含的特殊价值。商业人才在华为犹如驱动企业发展的核心引擎，他们以敏锐的市场洞察力和卓越的商业智慧，深入剖析市场趋势、客户需求以及竞争对手动态。他们不仅着眼于当下的财务指标，而且站在战略的高度规划业务布局，挖掘潜在的商业机会，为产品研发、市场拓展制定精准的路线图。

有竞争力的产品都是规划出来的，要求洞察任用必须具备外部视角，往往企业内部短期内难以培养出来。因此战略与营销部门成立之初，华为就耗费大量人力和物力去挖行业"明白人"。例如，2007年，前英国电信集团技术官米克·里夫（Mick Reeve，以下简称米克）加盟华为，担任战略顾问一职。在2007年之前，米克空降至华为，犹如一颗关键棋子落于华为发展的棋盘之上。米克在网络架构以及运营支撑系统领域深耕多年，积累了极为丰富且宝贵的经验。他在国际电信联盟（International Telecommunications Union，ITU）及电信管理论坛等重要组织的标准化工作进程中，凭借卓越的专业见解与不懈的努力，做出了不可忽视的重要贡献。

身为英国电信集团高层管理者中的一员，米克拥有着广泛的影响力与深厚的人际关系资源。他的到来，为华为开启了一扇深入理解英国电信集团战略与规划诉求的大门。在英国电信集团未来业务的宏伟蓝图中，蕴含着其在网络架构升级、运营效率提升以及市场拓展方向等多方面的前瞻性思考。米克能够精准地解读这些复杂而深邃的战略意图，并将其清晰地传达给华为。这使得华为在与英国电信集团的合作项目BT 21CN中，得以站在英国电信集团的视角审视自身的技术研发、产品设计以及服务提供模式。华为借此机会深入剖析自身在网络架构构建、运营支撑系统搭建等方面与国际领先水平的差距，并以此制定出更为贴合英国电信集团需求、契合未来通信行业发展趋势的项目执行方案。在米克的助力下，华为在BT 21CN项目中逐步构建起先进、高效且具有前瞻性的网络架构与运营支撑系统。这不仅提升了华为自身的技术实力与项目执行能力，更让华为在国际通信市场赢得了更高的声誉与更广阔的合作空间，为其后续的全球化战略布局奠定了坚实的基础。

米克以其在网络架构及运营支撑系统领域的深厚技术功底，以及在ITU等组织的标准化工作中的丰富经验，为华为深入理解英国电信集团的复杂需求提供了独特视角。在项目筹备与执行过程中，他能够精准地将技术规划与商业目标相融合。他深知如何从技术层面构建一个既符合英国电信集团未来业务战略，又能在成本控制与性能优化上达到平衡的网络解决方案。例如，在网络架构选型时，他依据对英国电信集团业务流量模型的精确分析以及对未来业务拓展的前瞻性判断，协助华为确定了适宜的架构模式，避免了技术资源的浪费与错配，从而有效降低了项目成本，提高了整体利润率。

正是凭借着米克这类商业人才的卓越贡献，华为 BT 21CN 项目取得了销售额占比达 30% 的亮眼成绩。这一成绩不仅仅是数字的体现，更重要的是，它为华为叩开了整个欧洲市场的大门。欧洲市场对通信技术与服务的要求极为严格，而华为通过该项目成功地向欧洲客户展示了其在高端通信领域的技术实力与商业运营能力。以英国电信集团这样的行业标杆为背书，华为在欧洲市场迅速获得了客户口碑。欧洲其他地区的电信运营商纷纷开始关注华为，并主动寻求合作机会。这一系列连锁反应使得华为在欧洲的市场份额逐步提高，品牌影响力不断提升，从一个相对陌生的外来者逐渐成长为欧洲通信市场中备受信赖的重要参与者，为华为后续在全球市场的持续拓展奠定了坚实而稳固的基础。

BT 21CN 项目中，华为把最优秀的人才派往一线，任正非认为这一"仗"只能成功不能失败。我有幸参与了这场"大战斗"，认识到懂行业的商业人才对产业的重要性。在通信行业的激烈角逐中，BT 21CN 项目堪称华为发展历程中的一座重要里程碑，而米克这样懂技术规划的商业人才则是华为在该项目中取得成功的关键因素，这是人才增值大于财务增值的典型案例。BT 21CN 项目的成功，为华为在欧洲市场的人才招聘打响雇主名声。

懂技术的商业人才队伍，更加善于整合内外部资源，通过优化业务流程、创新商业模式，提升企业整体运营效率。例如，他们能精准定位不同地区、不同客户群体的需求特点，将华为的技术优势转化为贴合市场的产品与服务，从而实现销售额的大幅增长和市场份额的稳步提高。他们推动华为从单纯的技术提供者向综合解决方案供应商转型，在 5G 应用领域，商业人才积极与各行各业开展合作，开拓了智能交通、工业互联网等新兴市场，创造出远超传统业务的商业价值，使人才增值在长期发展中远远超越了财务增值，为企业源源不断吸引外部人才，是企业基业长青的基础。

（2）通过人才标准定义人才

华为的任职通道明确专业人员的专业技能和发展要求，以及对组织的商业结果，华为员工需要在每次任职申请前，完成任职通道要求的专业内容的学习。华为战略与营销部门发展 3 类关键人才。

第一类，商业规划人员：洞察先机的领航员。产品规划核心工作从市场洞察到产品规划。市场人员作为组织的侦察兵，需要从繁忙的"搬砖"性工作脱离出来，负责抬头看路（找方向）。华为 5G 产品规划初期，代表们扎根全球通信展会、科研院所，深挖各行业对高速率、低时延网络的需求，预判 5G 在工业互联、远程医疗等领域的应用"爆点"，为产品锚定精准方向。技术理解力是其"硬核"支撑，从通信基础原理到芯片架构、算法优化，做到融会贯通，方能在产品迭代中平衡先进性与可行性，勾勒具有创新性并且可落地的产品蓝图。跨部门协作能力亦不可或缺，从市场趋势、业务需求、技术趋势等多维度，最终锁定产品新发展机会或方向，以及构想商业解决方案，从而使得产品投资的结果可被管理。

第二类，市场人员：冲锋陷阵的拓荒者。市场人员专业发展通道分为营销和销售两类，营销人员聚焦从线索到机会点的工作，销售人员聚焦从机会点到现金的工作。营销人员必须站在客户视角发现客户最关心的痛点，或者引导客户面向未来投资，从而才能实现从线索到机会点的工作。同时营销人员通过营销装备或灯塔项目，展示企业领先的解决方案，证明企业的实力，获得客户更多的信赖。销售人员聚焦销售拓展、从签单到回款、销售项目运作等销售性工作，其核心能力体现在机会点挖掘、方案匹配、沟通与谈判、合同管理等方面。

第三类，商务人员：盈利的守护者。商务人员作为企业盈利的守护者，分为两类。第一类是面向具体销售项目的人员，其从专业角度判断每个合同的盈利性。第二类是业务定价策略的负责人，其明确产品商业策略、盈利策略、交易策略，从而针对不同区域、不同客户、不同业务实现销售额、利润同时增长的目标。

华为战略与营销部门承担多项关键职责。

第一项，市场洞察与战略规划。

➤ 把握市场趋势：商业人才凭借敏锐的市场洞察力，能够精准地分析全球通信和科技市场的动态。他们深入研究不同国家和地区的市场需求、政策法规变化以及消费者行为习惯的演变。例如，在智能手机市场崛起初期，华为的商业人才就洞察到移动互联网的发展趋势，建议企业加大在智能手机领域的投入，使华为能够及时抓住这一市场机遇，从传统通信设备制造商向综合性高科技企业转型。

➤ 制定战略规划：基于对市场的深刻理解，商业人才为华为制定了长期的战略规划。他们确定了企业在不同业务领域和市场区域的重点发展方向。比如在5G战略布局方面，商业人才考虑到5G在物联网、智能城市、工业自动化等多个领域的巨大应用潜力，推动华为提前研发5G和参与标准制定，确保华为在全球5G竞争中占据领先地位。

第二项，客户关系管理。

➤ 维护客户关系：华为的商业人才非常注重客户关系的维护。他们建立了完善的客户反馈机制，能够及时了解客户的需求和意见。对于运营商等大客户，商业人才会组织专门的团队提供定制化的服务，包括网络规划、设备选型、后期维护等全方位支持。通过这种方式，华为与全球众多运营商建立了长期稳定的合作关系，提高了客户忠诚度。

➤ 拓展新客户群体：华为的商业人才还积极拓展新的客户群体。他们通过市场细分，发现了中小企业、新兴行业等潜在客户市场。例如，在企业业务领域，商业人才针对中小企业推出了简化版的通信解决方案，以较低的成本和易于操作的特点吸引了大量中小企业客户，拓宽了华为的业务范围。

第三项，产品营销与品牌建设。

➤ 产品营销推广：商业人才在华为的产品营销过程中发挥了关键作用。他们制定了多样化的营销战略，根据产品的特点和目标客户群体选择合适的营销渠道和促销方式。以华为 Mate 系列手机为例，商业人才策划了一系列高端营销活动，包括在全球科技展会的重点展示、与知名摄影师合作宣传拍照功能等，提升了产品的知名度和美誉度。

➢ 品牌形象塑造：在品牌建设方面，商业人才致力于塑造华为的品牌形象。他们通过赞助国际体育赛事、参与公益活动等方式，向全球消费者传递华为创新、可靠、高端的品牌形象。例如，华为赞助了足球世界杯等大型体育赛事，在全球范围内提升了品牌的曝光度，使华为品牌逐渐深入人心。

第四项，商业模式创新与合作伙伴关系管理。

➢ 创新商业模式：商业人才不断探索和创新华为的商业模式。他们推动华为从传统的设备销售模式向提供解决方案和服务的模式转变。例如，在智能城市建设领域，华为的商业人才提出了"平台＋生态"的商业模式，通过搭建智能城市平台，整合各种应用开发商、系统集成商等合作伙伴，为城市提供一站式的智能解决方案，实现了从硬件销售到整体服务收费的转型。

➢ 合作伙伴关系管理：商业人才还负责管理华为的合作伙伴关系。他们与全球各地的供应商、经销商、技术合作伙伴等建立了紧密的合作关系，通过合理的利益分配机制和协同工作模式，共同开拓市场、共享资源。在芯片供应链合作中，华为的商业人才与芯片供应商保持密切沟通，确保芯片供应的稳定，同时也促进了双方在技术研发等方面的合作。

（3）"三板斧"实现商业人才发展

华为在应对商业人才发展难题的时候，通过"三板斧"来解决问题。第一，在专业上学习，构建 13 个任职族，任职标准就是企业内生式人才标准。每个任职族都是选拔华为顶尖的专业人才来承担任职资格的委员会，由他们带头构建专业学习内容。第二，在岗位上学习，由师傅带着徒弟，手把手解决岗位上专业化、场景化的问题，这样的方式是直接经验最好的传播方式之一。

第三，在学习项目中学习。在学习项目建设方面，华为通过华为大学专业的体系，帮助需要学习的人员构建专业能力，再通过训战项目提取内部商业经验，让需要学习的人员不断参加不同等级的学习项目，并通过轮训的方式提升不同层级人才的专业技能和管理技能。任正非主张不拘一格地获取优秀人才，打破学历、工作经验等传统限制，而且不惜代价让这些人才快速成长起来。华为利用训战系统，结合华为客户需求和市场情况，通过内训、轮岗等机制，把大量工科型人才逐步培养成多技能的商业人才。

在人才复制这件事情上，华为前人力资源部部长陈珠芳功不可没，为华为创始团队吸引了宝贵的高端人才。1995 年，陈珠芳在华中科技大学管理学院辅导在职研究生，任正非让郑宝用给她打电话做沟通，任正非想让她加入华为，专门负责人事管理。当时 60 岁的陈珠芳作为一名高校教师，对于加入还处于起步阶段的华为态度犹豫，当初她以为自己的优势是技术研究，去华为也是管理研发，没想到任正非让她管理人事。最终，任正非的一番真诚打动了她，当年的华为作为制造业企业，在行业内知名度不高，与外企拼人才，总是得不到最优秀的人才。任正非表示希望她作为大学教师，能够让华为更好地与高校对接，汲取高校的智慧，吸引高校的青年才俊，与高校建立联合实验室，将高校智慧思想转化为市场价值。任正非还说希望中国最优秀的高校都成为华为的人力资源池。陈珠芳被任正非的这种想法和战略思想所打动，于是最终选择这个方向并加入了华为。

陈珠芳不仅是华为的战略性管理人才，也是华为人力资源总负责人，用其独特的智慧改变了中国制造产业商业人才匮乏的状态。当时，有人怀疑华为的高薪政策，但陈珠芳认为高待遇才能留人，才能让华为与其他优秀的企业竞争，事实证明这一点就是改变企业命运的起点。她坚持长期推行高绩效文化，并且坚持不让奋斗者吃亏，这样的人才管理思想和文化至今仍然激励着成千上万的华为新人从技术工程师转向业务工程师，从产品研发转向商业管理等岗位。成熟的人才管理体系和学习发展体系，为人才的能力发展、晋升通道提供多种可能性，让人才潜力发挥到最大限度。

华为对内广泛提供商业学习内容，凡是满足基本学习要求的人员都可以随时随地学习华为的业务和商业管理。但商业人才发展，是一个长期的人才工程，华为采用生态化的方法发展人才。华为联合行业协会、上下游企业，让外部成功商业探索经验能够进得来，大力发展具备行业成功经验的兼职培训师资、课程资源，丰富华为的学习产品"货架"；与高校共建产业学院，围绕企业实际工艺、制造难题开展科研项目，让学生在实践中成长为适配企业需求的商业人才；邀请外部脑科学专家定期"问诊"企业人才培养体系，优化调整学习产品，实现人才再造的工程，化解实业型企业商业人才稀缺困局。

通过开放的商业生态赋能人才，是华为商业高速发展背后的密码。华为的营销体系每年会举办三类生态大会：客户战略与痛点大会、区域营销大会、分析师大会。其中客户战略与痛点大会是最具深度的，会对业务产生非常大的价值。客户战略与痛点大会的框架，由以下 3 部分内容组成。

①行业趋势洞察与分享。

➤ 前沿技术动态展示。华为在大会上会呈现通信行业前沿技术，如 5G－Advanced、6G 愿景、云计算的新架构、AI 在网络优化中的应用等。通过展示这些前沿技术，让客户了解技术发展方向，例如详细介绍 5G 如何从增强移动宽带（Enhanced Mobile Broadband，eMBB）向高可靠低时延通信（Ultra Reliable & Low Latency Communication，uRLLC）和海量机器类通信（Massive Machine Type of Communication，mMTC）拓展应用场景，启发客户思考如何在自身业务中利用这些新技术实现转型。

➤ 市场格局变化解读。华为在大会上会对全球和各主要区域通信市场的格局变化进行深入分析，包括市场规模的增长或萎缩趋势、不同运营商的竞争态势、新兴市场参与者的影响等。例如，分析在物联网兴起的背景下，传统电信运营商与物联网平台提供商之间的竞争与合作关系，以及对整个行业生态的重塑作用。

②客户痛点深度挖掘。

➤ 案例分享与问题聚焦。华为会和客户共享实际业务案例，通过案例来剖析客户在业务运营过程中遇到的痛点。这些案例涵盖网络建设、运营成本、用户体验、业务创新等多个方面。例如，某运营商在老旧网络升级过程中面临的设备兼容性问题，或者在拓展新业务（如 5G 智慧矿山）时遇到的网络覆盖和安全挑战等。

➤ 痛点分组讨论与头脑风暴。华为将参会者分成多个小组，针对不同类型的痛点进行深入讨论。每个小组由华为的专家、销售团队和客户的相关业务负责人组成，共同探讨痛点产生的根源、影响范围以及可能的解决方案。这种跨团队的讨论能够充分激发各方的智慧，挖掘出更多创新的解决思路。

③共同应对策略制定。

➤ 技术解决方案展示。华为根据客户痛点和行业趋势，展示有针对性的技术解决方案。这包括新的产品组合、软件升级方案、网络架构优化策略等。例如，针对企业客户对数据安全和隐私的高度关注，华为展示其零信任安全架构解决方案，包括身份认证、访问控制、数据加密等一系列技术手段，帮助客户构建安全可靠的数字化环境。

➤ 合作模式创新探讨。除了技术方案，华为还会与客户探讨创新的合作模式。例如，在一些大型项目中，华为和客户可能会采用联合创新实验室的方式，共同投入资源进行技术研发和业务试点；或者在项目融资方面，探索新的金融合作模式，以减轻客户的资金压力，加快项目实施进度。

客户战略与痛点大会打开了华为商业团队的视野，华为商业团队与客户协同规划战略，相当于提前获取了客户的需求。华为通过自身成功的商业组织实践，形成组织赋能人才，人才反哺组织的良性循环。

（4）不拘一格任用人才

华为的人才管理包括战略导入、人才价值、人才规划和人才工程等部分，十分经典的就是人才工程中的人才评价与人才任用。

华为的人才评价体系是多维度的。华为注重绩效评价，以结果为导向，根据员工在工作任务中的实际产出、目标达成情况衡量绩效。例如在项目交付中，看是否按时、高质量完成任务。同时，华为设置挑战性目标来激发员工潜力。对华为来说，能力评价也是关键。华为通过考试、实际操作等方式评估员工的专业知识与技能。对于技术岗位，华为会考察技术难题的解决能力；对于管理岗位，华为重点评估团队管理与决策能力。品德也是人才评价的重要方面。华为强调员工要遵守商业道德和公司价值观，诚信、责任感等品质在评价中占有重要地位。

人才评价带来诸多价值。一是能够精准用人，让合适的人在合适的岗位发挥最大效能，让技术精湛的员工进入核心研发团队。二是激励员工成长，员工为了获得更好评价会不断提升自己。三是保证团队质量，品德优秀、能力强的员工聚集，形成积极向上、高效协作的团队氛围，有利于华为在技术研发、市场拓展等方面保持竞争优势。

人才任用是指组织根据自身的战略目标、岗位需求以及人才的知识、技能、能力和其他相关素质，通过一定的程序和方法，将合适的人才选拔出来，并安排到相应的工作岗位上，赋予其职权，使其能够为组织的发展发挥作用的过程。这是人力资源管理中的一个关键环节，它连接着人才的选拔和后续的聘用、培养与考核。华为在商业人才选拔中坚持以下原则。

①优先选拔商业成功的人才。

余承东的职业轨迹便是这一原则的生动例证，他带领的团队从来都是提前完成销售额目标的，这样的商业成功人士，也是一步一个脚印，从基层干起来的。他1993年加入华为，从一名无线产品线研发工程师起步，在技术研发的前沿阵地潜心钻研，积累了深厚的技术功底。2006年，余承东转战欧洲市场，当时的华为无线产品在海外发达区域还没有实现销售突破。

余承东深知欧洲市场的独特性和复杂性。欧洲拥有众多历史悠久的电信运营商，这些运营商在网络基础设施建设方面有着高标准和多样化的需求。当时的欧洲市场，爱立信在无线设备领域占有绝对的优势，华为虽然通过竞标，在欧洲市场实现了对运营商 Telfort 的突破，但由于基站空间被爱立信等其他老牌厂商占据，华为迟迟无法将设备部署到客户的网络。通过与欧洲运营商的广泛接触和深入交流，余承东敏锐地察觉到了它们在基站建设中的痛点，开发了分布式基站的商业解决方案：以类似分体式空调的结构，将基站室内部分做成和DVD 一般大小，然后把大部分功能转移到室外。这样的商业解决方案，让射频单元不再受限于机房环境，可以放置于任意地点，通过抱杆、挂墙等方式灵活安装，实现"零机房"建网，原有站址可实现 100% 重用。

在 2006 年，全球通信行业竞争激烈，世界排名首位的运营商沃达丰面临着严峻挑战。其在西班牙的主网络运营业务，在与当地行业翘楚 Telefonica 的竞争中处于下风。在此关键时刻，沃达丰将目光投向了华为创新研发的分布式基站技术。华为的分布式基站以其独特的技术架构和卓越的性能优势，为沃达丰提供了全新的网络建设思路。经过深入评估与多轮沟通，2006 年 8 月，沃达丰果断决策，将西班牙子网高达 30% 的建设份额授予华为。华为凭借分布式基站在信号覆盖范围、传输稳定性以及部署灵活性等多方面的突出表现，助力沃达丰对其西班牙子网进行全面优化升级。在后续的运营过程中，成效显著。沃达丰凭借华为分布式基站技术的强力支持，在各项关键网络指标上实现了质的飞跃，成功超越了此前一直领先的 Telefonica，不仅在西班牙市场扭转了竞争局势，更为全球通信行业展示了华为分布式基站技术的巨大商业价值与变革性力量。这成为通信技术创新推动商业成功的典型，在通信行业发展历程中留下了浓墨重彩的一笔。

后来在 2008 年左右，余承东率领团队开发第四代基站，为华为无线设备走向全球领先奠定了基础。余承东因在欧洲市场取得的商业成功，成为华为的商业领袖，被华为任命为欧洲地区部总裁。随后，他被提拔为手机超级产品开发团队（Super Product Development Team，SPDT）经理。余承东高瞻远瞩，他带领团队先后精心规划并主导研发了 Mate 和 P 系列这两款极具影响力的"爆品"。Mate 系列以其强大的性能、高端商务的定位，精准地满足了商务人士对高效办公与卓越品质的追求；P 系列则凭借其卓越的拍照功能与时尚精致的设计，赢得了广大消费者尤其是年轻时尚群体的青睐与追捧。在余承东的引领下，手机业务部犹如破土而出的春笋，茁壮成长，最终发展壮大成为消费者 BG，为华为在全球智能手机市场的崛起奠定了坚实的基础，也进一步彰显了优先选拔商业成功人才战略对企业发展的深远意义与巨大价值。

由此可以看出，企业优先选拔商业成功的人才，会给企业带来两大好处。

第一，在企业战略规划层面，他们基于过往商业成功经历所形成的宏观视野与深刻行业理解，能够参与并主导华为企业战略的制定与调整，准确判断行业竞争态势，及时识别企业面临的机遇与挑战，为不同发展阶段的华为制定出清晰、可行且具有前瞻性的战略路线。例如，在面对全球贸易环境变化与行业技术变革时，能够推动华为从单纯的通信设备制造商向综合性高科技企业转型，布局智能终端、云计算、AI 等新兴业务领域，确保华为在复杂多变的商业环境中保持稳健发展，实现可持续的战略成长与价值创造。

第二，商业成功人才作为团队领导者或核心成员，能够以身作则，将自身积累的成功经验、高效工作方法以及坚韧不拔的职业精神传递给团队成员。他们善于选拔和培养优秀人才，激发团队成员的潜力，营造积极向上、勇于拼搏的团队氛围。在大型项目（如 5G 网络建设项目、智能手机新品研发项目等）推进过程中，能够凝聚团队力量，协调各方资源，确保项目高效、高质量完成，提升整个团队的战斗力与执行力。

②优先从变革与体系建设项目中选拔人才。

徐直军以其卓越的战略眼光和深厚的行业洞察力投身于华为战略与营销体系的构建。他深入剖析通信行业的发展趋势，精准地把握市场动态，认识到华为需要一套全面且具有前瞻性的战略与营销体系以应对日益激烈的全球竞争。

在体系构建过程中，他大胆创新，打破传统思维的束缚。例如，他主导重新梳理了华为的市场定位与目标客户群体细分策略，使华为的产品与服务能够更精准地满足不同客户的个性化需求。在营销渠道建设上，他积极拓展多元化的渠道模式，加强了与全球各地运营商、企业客户以及合作伙伴的深度合作与协同。通过一系列精心策划与高效执行的举措，华为的战略与营销体系逐渐成形并展现出强大的效能，助力华为在全球通信市场的份额稳步提升，品牌影响力持续扩大。

郭平同样是华为变革项目中涌现出的杰出人才代表。郭平在 1988 年加入华为，成为产品开发部项目经理，1998 年领导华为和 IBM 第一个变革项目，被提拔为华为变革指导委员会主任兼工程部总裁。在华为的关键变革时期，郭平肩负起重大使命。他深入参与华为的供应链变革项目，面对全球供应链复杂多变的环境和诸多挑战，郭平凭借其出色的组织协调能力和对业务流程的深刻理解，主导对华为的供应链体系进行了全方位的优化与重塑。他引入先进的供应链管理理念和数字化技术，建立了高效的供应链信息共享平台，实现了从原材料采购、生产制造到产品交付的全流程精细化管理。这一变革不仅大幅提高了华为供应链的运作效率，降低了成本，还增强了华为应对全球贸易波动和突发风险的能力。例如，在面对国际原材料供应紧张的局面时，郭平领导的供应链体系能够迅速调整采购策略，开辟新的供应渠道，确保华为的生产经营活动不受影响，为华为在全球市场的持续竞争提供了坚实的保障。

华为通过优先从变革与体系建设项目中选拔人才，如徐直军在战略与营销体系构建中的卓越贡献以及郭平在供应链变革中的斐然成就，最终让华为的变革能力与经验超越 IBM。特别是在变革项目中，华为挖掘和培养了大批建设流程专家，如陈志强、刘红革、蒋伟良等，充分证明了这一人才选拔模式能够挖掘出具有创新精神、战略眼光和强大执行力的优秀人才，这些人才成为推动华为在各个业务领域不断攀登高峰的核心力量，也为华为的长远发展奠定了坚实的人才基础。

③优先选拔为组织做过突出贡献的人才。

作为第一批去海外发展的人才，向国华于 2000 年深入非洲区域发展。当时出身华为业务软件工程师的向国华，对海外市场的认知几乎等于零。他只知道，华为会优先从艰苦区域选拔干部，而且海外补助又高，所以就义无反顾选择去非洲发展。

在海外，向国华进入销售服务体系，在非洲南部区域，一个代表处就只有 3 个员工。其中一个人负责做饭、一个人负责打扫卫生，还有一个人负责理发。这样看似简单的分工，让初次去海外的中国人团结起来。刚开始，华为在非洲南部的拓展异常艰苦，经常投出几十个标书，但没有一个中标。后来，在安哥拉，向国华抓住市场机遇，帮助客户筹建企业大学，并为华为签回了几千万美元的大单。向国华迅速被提拔为区域的销售副总裁，他在非洲南部的 17 个国家，亲身经历了从 100 万美元订单到 10 亿美元订单的成长过程。

2006 年，向国华从非洲被调回深圳机关的财经部门。2006 年之前华为对一线业务部门只考核销售额和回款这两个指标，从 2006 年开始，整个组织的考核指标调整为三个，即销售收入、贡献利润和经营性现金流。在调整考核指标之后，向国华就发现了巨大的变化：业务部门和财经部门形成了一种对立关系，比如财经部门针对销售收入确定一个规则之后，业务部门马上就针对这个规则找到不少漏洞。向国华把这些漏洞整理成了一本红宝书。这本红宝书至今还在流传，为华为财经体系的组织建设做出重大贡献。

2006 年 11 月 29 日，任正非给当时的 IBM 首席执行官（Chief Executive Officer，CEO）写了一封信，讲述了华为当时财经部门所面临的困难和问题，以及业务部门的挑战。华为在一线交付了很多项目，但是无法验收、无法回款，包括在西班牙、法国、巴西、沙特阿拉伯、印度尼西亚等的很多项目，后来向国华带领团队经过多次探索后发现根源：华为和客户交易的过程中，每个场景所对应的签合同的方式、发货、交付、验收、开票、回款都是完全不一样的，如果没有把合同流、信息流打通，根本无法开票，无法回款。这也是促使华为启动财经体系变革的主要原因。

当时财经体系变革项目组聘请了将近30个IBM顾问，他们的平均年龄为68岁，在IBM的平均工作时长是33年。华为在请IBM顾问方面从来不还价，2010年，给到他们的价格基本都在一天5万元以上，但是对质量要求极高，IBM顾问在华为的面试通过率极低。

在区域层面，全球业务共享大概是从2005年开始的，到2012年整个共享中心趋向成熟。华为的共享中心分成二层：一是全球共享中心，如深圳、成都等共享中心；二是区域共享中心，如马来西亚、罗马尼亚、毛里求斯、阿根廷等共享中心。

在变革项目组中，向国华巧妙利用了业务部门的人员，而非全部人员都来自财经部门。例如，方案推行过程由业务部门主导。在整个推行过程中，华为在全球培养了2000个金种子选手。金种子选手就是对新财经方案特别熟悉、能到处宣传、推动落地并且后续能运营的人员，这些选手大部分来自业务部门，因为他们懂业务，能明白业务中的财务漏洞。

向国华跑遍全球40多个国家，在财务管理领域，他引入精细化的预算管理、成本控制和财务分析方法，使华为的财务运作更加透明、高效、精准，为华为的战略决策提供了可靠的数据支持和风险预警。整个财经体系的变革，经历了2个阶段：第一个阶段为2007—2012年，聚焦提升财经数据的准确性；第二个阶段是2010—2014年，聚焦经营管理。

财经体系变革带来的最大变化，就是经营可预测、可管理。在财经体系变革前，经营预期是完全不可控的。比如华为中东的某个项目，合同金额3.6亿美元，履行周期3年。这个项目的财务管理出现前后不一致的现象：在概算阶段，项目经理认为这个项目可能亏8000万美元；到预算阶段再次测算，这个项目亏损额变为5000万美元；但十分戏剧化的是，到核算阶段，这个项目竟然为华为赚了1000万美元。为此，向国华带领团队开始建设滚动预测能力。2018年，华为对预测考核到了一个什么样的状态呢？2018年华为销售收入最终为1365亿美元，利润大概为90亿美元，对团队的考核指标是在7月预测全年销售收入的偏差绝对值不超过10亿美元，利润的偏差绝对值不超过1亿美元。

由于向国华对财经体系变革做出的重大贡献，华为给他颁发了"蓝血十杰"的荣誉。这一荣誉专门用来激励在构建和完善华为管理体系方面发挥了中流砥柱作用的人员。

华为优先选拔为组织做过突出贡献的人才，这些人才在商业领域都有自己的成就：有的通过技术方案创新、商业应用场景创新，让业务上了一个新台阶；有的让企业体系管控能力获得了长足的进步。

（5）人才激励就是给火车头加满油

华为深知物质回报是吸引与留住商业人才的基础。其薪酬体系具备高度竞争力，依据岗位价值、个人绩效及市场行情确定薪资水平，确保员工所得与付出成正比。以华为的销售团队为例，基本工资保障生活，而丰厚的绩效奖金则与业务成果紧密挂钩，如成功签订大额订单、拓展重要客户或达成销售目标，都能获得可观奖金。此外，华为长期推行股权激励计划，让员工成为股东。早期加入且表现优异的员工，能通过多年积累的股票分红实现财富大幅增长。这种长期激励有效绑定员工与企业利益，使其更关注企业长远发展，提升归属感与忠诚度。

对商业人才进行激励是留住人才的好方式，不仅提供物质层面的回报是对人才的激励，工作机遇本身也是对人才的激励。例如余承东，在华为工作30多年，从普通员工到项目经理，再到商业领袖。早期他负责华为无线产品线研发，凭借出色技术能力与创新思维取得显著成绩，获得公司物质奖励与荣誉表彰，被视为技术骨干重点培养。后转至市场领域，在欧洲市场开拓中，面对激烈竞争与复杂市场环境，他勇于挑战，带领团队推广华为产品与解决方案。成功突破欧洲市场后，他获得高额绩效奖金、股权激励及"华为杰出贡献奖"等荣誉。华为的认可与激励使他更具使命感与责任感，后续在智能手机业务中，他进行大胆创新与战略布局，带领团队推出 Mate 系列、P 系列等"爆品"，将华为手机业务推向全球前列，成为华为商业传奇人物。

华为在众多重大项目中采用项目制激励。以 5G 研发项目为例，项目启动前，华为依据项目目标、难度及预期收益设定项目奖金包。项目团队成员依据角色与贡献分配奖金系数。项目执行过程中，华为定期评估进度与质量，依据结果调整奖金系数。若团队提前完成关键技术突破或达到重要里程碑，华为额外给予奖励。这种激励方案促使团队成员紧密合作、高效工作，全力推动项目进展。

在市场拓展中，华为采用团队激励与个人激励相结合的方式。如某区域市场团队负责开拓新市场，团队若完成年度市场份额增长目标，将获得团队奖励，包括团队奖金、荣誉称号及更多市场资源支持。团队内部，依据成员贡献分配奖金，如市场专员成功组织大型推广活动、销售代表签订重要客户订单等，都能获得相应个人奖励。此方案既强调团队协作，又关注个人努力，充分调动团队成员积极性与创造力。

对个人而言，丰厚的奖励所带来的不仅是物质回报与荣誉光环，更是一种强大的内在驱动力与使命感。当他们看到自己的努力拼搏能够换来如此丰厚的回报与高度认可时，内心深处的成就感便会如熊熊烈火般燃烧不息。华为坚定地秉持着"以商业结果论英雄"的理念，对那些能够在客户层面斩获卓越成绩、以自身贡献推动组织攀上新高峰的商业成功人才，给予的奖励堪称丰厚至极，其与普通人才所获奖励相比，差距常常可达 10 倍以上。这种巨大的激励差距绝非偶然或随意设定，而是华为精心构建的人才商业与战略人才布局的关键一环。

2.3.3　训战结合的内生式人才发展

华为 MKT 部门（公司级 PMT）作为公司一级组织，其直接汇报对象是华为投资评审委员会，华为三大事业群的营销能力建设工作都归属于这个团队。在人才能力发展方面，一方面华为会从外部引入高端人才，将外部优秀实践和思想引入华为；另一方面华为愿意出钱来构建能力，特别是能力建设项目"五环十四招"。

华为的"五环十四招"项目，是华为营销组织力建设的经典案例，也是华为从产品式销售向顾问式销售转变的重要抓手，而开发和实施这个项目的核心教练，都是来自华为一线真正打过胜仗的"将军"。华为的主建思想是"仗怎么打，兵就怎么练"，具体体现在项目并非全部用专职师资。专职师资的重点是完成教学设计和经验提取，专职师资和兼职师资共同组建项目组，完成能力建设项目规划、开发和交付。在组织价值和实战性方面，华为自研的内训项目比外部培训项目高出一个量级。

（1）"五环"联动，筑牢能力根基

①市场规划之"瞭望塔"。作为"五环"首环，市场规划宛如矗立在商业前沿的瞭望塔，肩负起洞察市场风云、把握行业走向、精准锚定客户需求的重任。华为组建专业精英团队，穿梭于全球各区域市场，深挖宏观经济趋势、政策法规动态、技术革新风向，综合考量各市场在地域差异下的饱和度、竞争格局及潜在机遇；借助大数据分析、行业调研、客户深度访谈等多元手段，精准圈定目标客户群体，预判其在不同发展阶段的痛点与诉求，为后续营销动作校准"航向"，奠定坚实规划基础，让每一项投入、每一步策略皆有的放矢，确保企业在复杂市场环境中抢占先机。

②通路之"桥梁"。搭建畅达高效的通路，恰似在企业与客户间构建起坚固桥梁，保障产品、信息与服务顺畅流通。华为终端业务整合线上线下多元渠道资源，线上电商平台精细运营，依据不同区域消费习惯、网络偏好定制页面展示与营销策略；同时，与全球运营商、经销商等合作伙伴紧密协同，制定标准化渠道管理规范、利益共享机制，强化培训赋能，确保通路各节点对产品及解决方案理解到位、推广有力，将企业价值精准传递至客户终端，提升触达广度与深度。

③产品与解决方案之"核心引擎"。此环是驱动解决方案营销的关键"硬核"。华为依托海量研发投入，汇聚顶尖科研人才，紧扣市场规划洞察与客户痛点反馈，打破产品边界，融合前沿技术，打造一站式、定制化解决方案。从天罡芯片提升通信网络5G基站的性能，到鸿蒙操作系统串联万物，再到为企业数字化转型定制专属方案，深挖行业"Know-How"，华为围绕产品全生命周

期，在功能设计、兼容性、可扩展性等多维度精雕细琢，确保解决方案既能满足当下紧迫需求，又具有面向未来迭代升级的潜力。华为以卓越技术实力与适配性"征服"客户，铸就产品竞争力"护城河"。

④品牌和市场之"双轮驱动"。品牌建设与市场拓展犹如"双轮"，驱动企业在市场赛道上疾驰。从品牌视角看，华为秉持长期主义，通过赞助全球顶级科技赛事、参与国际标准制定、发布重磅技术成果等方式，传递"科技赋能、创新领航"的品牌价值，塑造高端、可靠、进取的品牌形象，沉淀深厚品牌资产，让品牌成为客户选择时的"信任背书"；从市场视角看，华为组建"铁三角"（客户经理、解决方案专家、交付专家）团队，以敏锐市场嗅觉捕捉项目机会，凭借专业方案设计赢得客户青睐，依托强大交付能力确保项目落地实施，实现从项目线索挖掘到交付验收的全流程高效运作，持续拓展业务版图，夯实市场地位。

⑤盈利与现金流之"续航保障"。盈利与现金流管理是企业持续航行的"燃料舱"与"稳定器"。华为深谙成本把控与价值创造平衡之道，在产品研发环节优化流程、集采物料降本增效；在生产制造中引入精益管理理念，提升质量的同时降低废品率、缩短生产周期；营销推广精准投放，聚焦高潜力客户群体，提升投入产出比。华为依循不同产品生命周期阶段、市场竞争态势灵活定价，挖掘增值服务盈利增长点，如通信设备运维、软件升级收费等；同步强化现金流管理，合理规划应收账款账期、优化库存周转，确保企业资金链稳健循环，为长期发展注入源源不断动力，实现商业价值最大化。

（2）"五环"铸"五力"，提升顾问式销售能力

①规划力——以远见锚定方向。华为基于市场规划环的洞察，勾勒清晰战略蓝图，精准设定营销目标、划定市场"作战"区域，规划产品演进路径与项目推进节奏，恰似航海图指引船只前行，让企业在复杂多变的市场中不迷失方向，每一步行动皆契合长远布局。华为以高瞻远瞩的规划规避短视风险，奠定稳健营销根基。

②方案力——围绕痛点进行价值创造。华为依托产品与解决方案环锻造实力，针对客户个性化需求，调动内部跨部门协同"作战"，整合顶尖技术、优质产品资源，打造"量体裁衣"式方案。历经内部多轮严格评审、模拟验证，对标行业最佳实践进行优化完善，确保方案直击痛点、技术领先、切实可行，以专业深度与适配精度彰显企业价值。

③营销力——持续与客户共赢。华为为客户解决战略和痛点问题，围绕客户场景挖掘价值；线上线下渠道协同发力，巧用创意内容营销、热点事件营销、社群互动营销等多元策略，将产品与解决方案亮点包装、传播，打破"酒香也怕巷子深"困局；监测营销效果指标，如曝光量、转化率、客户满意度等，依据反馈及时调整优化，实现品牌知名度、产品美誉度与市场占有率同步提升。

④项目力——好卖好交付。华为在品牌和市场环及盈利与现金流环支撑下，以精细项目管理流程贯穿项目全周期。华为从售前方案定制，售中合同签订、资源调配，到售后交付运维，明确各阶段任务、责任人、时间节点，引入风险管理机制，实时监控进度、成本、质量的平衡，确保项目按约交付、验收达标，收获客户口碑与长期合作，实现业务良性循环。

⑤盈利力——构筑盈利护城河。贯穿"五环"全程。华为统筹成本、定价、收入与现金流管理，权衡短期盈利与长期发展，在保障客户价值前提下，挖掘成本削减空间、开拓多元盈利渠道。华为依据产品市场定位、生命周期灵活调整盈利策略，确保企业盈利稳定、资金链健康，为持续投入研发、拓展市场提供坚实财务保障，驱动商业飞轮持续转动。

在华为，个人的成功离不开组织，而不少初创公司与华为情况刚好相反，过多依赖于个人，无法把个人成功变成组织成功。华为通过任职通道牵引人才发展，利用在专业（任职要求）上学习、在学习项目（"五环十四招"项目）中学习、在岗位（轮岗、客户战略与痛点大会）上学习三类方式，实现商业组织从术的层面到道的层面的体系化发展。

2.4 互联网时代赋予裂变能力

在互联网时代，营销网络以惊人的传播速度让我们重新认识裂变能力。特别是阿里巴巴、百度、腾讯这几家头部企业，它们的商业成功都离不开数据、社交网络、AI技术的成功应用。互联网时代为企业发展赋能，不管在营销领域还是生产制造领域，它们的确都有特有的价值，但实业型企业并不能为此直接照搬互联网企业的裂变模式，接下来探讨实业型企业自身的裂变。

2.4.1 商业裂变不等于营销裂变

腾讯在社交网络营销方面的成功，尤其是病毒式营销的应用，给人们留下了极为深刻的印象，也让人们对病毒式营销产生了浓厚的兴趣。病毒式营销，简单来说，就是利用社交网络用户之间的人际关系网络，像病毒传播一样迅速扩散信息，从而达到快速提升品牌知名度、产品销量或服务推广的目的。腾讯旗下的许多产品都巧妙地运用了病毒式营销的策略。例如微信红包这个看似简单的功能，在春节等重要节日期间，微信推出的红包功能迅速在社交网络中走红。用户可以在微信群里发红包、领红包，这种简单有趣又带有互动性的活动，瞬间点燃了用户的参与热情。一个小小的红包，在社交网络中被不断转发、分享，形成了一股强大的传播热潮，不仅让微信支付的用户数量和使用频率大幅提升，也极大地增强了微信的社交黏性和品牌影响力。再比如腾讯推出的一些小程序游戏，如《跳一跳》，通过社交网络的分享机制，用户可以将自己的游戏成绩分享到朋友圈，邀请好友来挑战，这种竞争与社交互动相结合的方式，使得游戏在短时间内获得了海量的用户。

然而，正是由于腾讯在病毒式营销方面的巨大成功，一些实业型企业想"抄作业"，快速在网络上走红。其片面地认为，只要企业能够搭上社交网络的快车，运用病毒式营销的手段或者"网红带货"，就可以轻松实现业务的快速发展，迅速在市场上崛起。在企业商业价值循环没有打通的前提下，采用揠苗助长的方式，往往事倍功半，甚至营销投入会导致企业资金链条断裂。

事实上，病毒式营销并非万能的商业"魔法"，它的成功是建立在腾讯深厚的社交网络基础、强大的技术研发能力、精准的用户洞察和长期的品牌积累之上的。对实业型企业来说，它们往往缺乏腾讯这样庞大的用户基础和完善的社交生态系统，实业型企业只有基于企业飞轮才能实现这样的梦想。虽然社交网络为企业提供了更广阔的传播渠道和更多的市场机会，但如果企业没有优质的产品或服务作为核心竞争力，没有深入了解目标用户的需求和痛点，没有制定科学合理的营销策略和运营方案，仅仅依靠社交网络的传播效应，是难以实现商业高速发展或规模扩张的。例如，一些传统制造业企业在没有对自身产品进行充分市场调研和品牌定位的情况下，盲目地在社交网络上进行广告投放和营销推广，结果往往是投入了大量的资金和资源，却收效甚微。因为社交网络用户对信息的接收和筛选具有高度的自主性和选择性，如果企业的产品或服务无法真正满足用户的需求，无法引发用户产生情感共鸣，那么即使信息在社交网络中得到了短暂传播，也难以转化为实际的购买行为和业务增长。

商业裂变是一个全面而系统的概念，不局限于营销层面。营销就是面向客户场景制造冲突并解决冲突的过程，营销裂变往往侧重于通过各种营销手段，如社交媒体推广、口碑传播等，来迅速提升产品或服务的知名度与影响力，以获取更多的客户和市场份额。例如，一些"网红"产品借助社交媒体平台的病毒式营销，在短时间内实现了销量的爆发式增长。然而，这种营销裂变可能只是短期的现象，如果企业没有坚实的商业循环系统作为支撑，很容易昙花一现。

真正的商业裂变涵盖了企业的战略规划、产品研发、商业组织系统、运营管理、市场营销等多个维度。缺乏能够面向客户场景制造冲突的商业人才是大部分企业的通病。

2.4.2 "平台为王"与"内容为王"对比

在互联网时代，"平台为王"和"内容为王"一直是大家高度关注的两种发展理念。"平台为王"强调构建强大的互联网平台，通过整合资源、汇聚流量，形成规模效应和网络效应。例如，阿里巴巴通过打造淘宝、天猫等电商平台，连接了海量的商家与消费者，成为全球最大的电子商务交易平台之一。平台提供了交易的场所、规则与基础设施，具有强大的资源整合能力和商业影响力。

然而，"内容为王"也有着不可忽视的重要性。优质的内容是吸引用户、留住用户的核心。以 Netflix 为例，作为全球领先的流媒体平台，其成功的关键在于拥有海量的优质影视内容。Netflix 投入大量资金用于内容创作与版权购买，制作出了《纸牌屋》《怪奇物语》等一系列"爆款"剧集，这些精彩的内容吸引了全球数亿用户订阅观看。而国内的小红书，在内容的生产与制造上，最开始以海外购内容为主，后来内容已经全面覆盖生活、职场的方方面面。

实际上，平台与内容并非对立关系，而是相辅相成的关系。平台为内容的传播提供了广阔的渠道和强大的技术支持，而内容则赋予了平台独特的价值和吸引力。例如，抖音作为短视频平台，既提供了便捷的视频创作与分享平台，又拥有丰富多样的优质短视频内容，二者共同作用，使得抖音在全球范围内获得了巨大的成功，实现了商业的快速裂变。

那么实业型企业如何把握平台与内容的发展趋势？在当今数字化浪潮汹涌澎湃的商业环境中，平台与内容已成为企业营销与发展的两大关键要素。对实业型或专业型企业而言，如何正确看待这两者的发展趋势，并构建有效的营销能力，是关乎企业商业成败的重要课题。然而，现实情况却不容乐观，许多此类企业在构建营销能力时往往陷入困境。

实业型企业通常专注于特定产品或服务的生产与提供，如制造业企业致力于产品的研发，或专注于制造与质量把控，或精通于物流与仓储服务。专业型企业则精于某一领域的专业服务，比较容易缺乏互联网化营销内容及相关关键能力，或者完全忽视企业在这一块的系统化建设。这些企业在自身核心业务领域往往积累了深厚的技术底蕴与经验，但在面对营销领域的平台与内容建设时，却遭遇诸多难题。一方面，企业缺乏专业的营销人才与团队，难以深入理解和把握数智时代营销的新趋势、新玩法；另一方面，营销是花钱的工作，管理层会犹豫是否要花这笔钱，怎么花钱才能产生自己想要的结果，甚至一些企业在营销上基本投入等于零。

此外，一些企业管理者意识到营销的重要性，却在行动上走入误区。他们试图通过投资建设营销公司来解决自身营销能力不足的问题。这看似是一种积极主动的举措，但在实际操作过程中，往往未能妥善处理与自身业务的关系，导致最终无法形成良性循环。例如，某传统机械制造企业的管理者看到互联网营销的潜力，投资成立了一家营销公司，专注于线上推广。然而，在制定营销策略和创作营销内容时，由于营销公司的定位是营销平台，需要服务很多同行业的企业主，营销公司未能充分结合这家机械制造企业的产品特点、目标客户群体以及行业竞争态势，所以最终这两家企业还是不欢而散。营销公司制作的营销内容通常过于宽泛，而忽视了对产品核心价值和技术优势的深度挖掘与对客户的精准传达，导致在网络上吸引来的流量大多与实际业务需求不匹配，无法有效转化为订单和客户。同时，由于营销公司与实业型企业之间在企业文化、管理模式和沟通机制等方面存在差异，双方难以实现高效协同，进一步加剧了资源的浪费和运营的低效。

那么，实业型企业应如何摆脱当前困境，正确应对平台与内容的发展趋势，构建有效的营销能力呢？实业型企业应树立正确的营销认知，认识到营销并非简单的广告宣传或销售推广，而是贯穿于企业整个经营过程中的一项系统性工程。营销应与企业的战略规划、产品研发、生产制造、客户服务、市场推广等环节紧密结合，形成一个有机的整体。企业管理者应深入学习和了解数智时代营销的新趋势、新方法，特别是结合自身企业定位来做营销能力建设，避免盲目跟风和决策失误，从而形成商业闭环。

2.4.3　数智时代的企业卓越基因

数智营销给企业造成的最大困扰是：世界很大，自己很小，在信息洪流中，缺乏优秀品牌能力的企业往往被淹没。一些优秀的企业往往在某些领域具备很强的优势。例如，数据基因、敏捷基因、技术基因、制造基因、研发基因、服务基因等，这些基因是企业赖以生存的根本，也是企业形成品牌力的抓手。

全球化进程的加速与信息技术的飞速发展，让企业的舞台无限拓宽，市场的边界变得模糊不清。曾经局限于一隅的企业，如今不得不与来自世界各地的对手同场竞技。无论是新兴的科技企业，还是传统的行业巨头，都在这片广袤的商业海洋中奋力游弋，试图抢占一席之地。

而竞争环境的瞬息万变，更让企业如履薄冰。技术创新的迭代周期大幅缩短，新的商业模式和业态如雨后春笋般不断涌现。"今天"还炙手可热的技术或产品，"明天"可能就会被更新颖、更高效的替代品所淘汰。以智能手机行业为例，短短十几年间，从按键手机到触屏手机，从单摄到多摄，从普通充电到快充、无线充电，技术的变革可谓日新月异。企业若不能紧跟步伐，迅速适应这些变化，就极有可能在激烈的竞争中被边缘化，甚至惨遭淘汰。

在这样的困境下，唯有打造卓越基因的企业才有可能持续获胜。这些卓越基因，犹如企业在数智时代的生存密码，赋予了企业强大的适应能力和竞争优势，让客户形成对企业的信赖。

首先是数据基因。在数智时代，数据成为企业飞轮的"燃料"。拥有数据基因的企业，能够建立起完善的数据收集、存储、分析和应用体系。通过对海量数据的深度挖掘，企业可以精准地洞察客户的需求偏好、行为习惯以及市场趋势的微妙变化。例如，电商巨头亚马逊凭借其强大的数据基因，不仅能够为客户提供个性化的商品推荐，极大地提高客户的购买转化率，还能根据销售数据优化库存管理、供应链配送等环节，实现运营效率的大幅提升。数据基因让企业在决策制定过程中有了更加科学、精准的依据，使其能够在复杂多变的市场环境中快速反应，做出明智的战略选择。

敏捷基因同样不可或缺。数智时代的市场竞争犹如一场高速赛跑，机会稍纵即逝。具备敏捷基因的企业，拥有灵活高效的组织架构和运营机制。它们能够迅速感知市场的变化信号，并在第一时间做出响应，在产品研发方面采用敏捷开发模式，快速迭代，不断推出符合市场需求的新产品或服务。例如，一些互联网软件企业，通过持续的版本更新，及时修复漏洞、优化功能，满足客户日益多样化的需求，从而在激烈的市场竞争中保持领先地位。敏捷基因使得企业在面对不确定性时，能够迅速调整方向，灵活应对各种挑战，保持企业的活力与竞争力。

技术基因是推动企业在行业中脱颖而出的关键力量。具有技术基因的企业，会将创新放在首位，勇于在技术、产品、商业模式等方面进行大胆探索和突破。它们敢于投入大量资源进行前沿技术的研发，以抢占技术制高点。例如，特斯拉在电动汽车领域的崛起，正是源于其对电池技术、自动驾驶技术等的持续创新和领先布局。特斯拉不仅率先推出了长续航、高性能的电动汽车，还在全球范围内建设超级充电网络，为客户提供便捷的充电服务，同时积极研发自动驾驶技术，引领全球汽车行业向新能源、智能化方向转型。技术基因让企业成为行业的标杆和引领者，吸引着顶尖人才和优质资源的汇聚，为企业的持续发展奠定了坚实基础。

制造基因在实业型企业中扮演着重要角色，是可以形成品牌效应的抓手。即使在数智时代，优质的制造能力依然是企业的核心竞争力之一。拥有制造基因的企业，注重生产工艺的优化、产品质量的把控以及生产效率的提升。它们采用先进的智能制造技术，如工业机器人、自动化生产线、物联网等，实现生产过程的数字化、智能化、规模化管理。例如，德国的一些高端制造业企业，凭借其精湛的制造工艺和严谨的质量控制体系，在全球机械制造、汽车零部件等领域享有盛誉。制造基因有助于企业稳定地生产出高品质、高性能的产品，满足市场对产品质量和可靠性的严格要求，从而在激烈的市场竞争中赢得客户的信任和忠诚。

研发基因是企业保持技术先进性和产品创新性的源泉。具有研发基因的企业，会建立完善的研发体系，打造高素质的研发团队，并持续加大研发投入。它们与高校、科研机构等开展广泛的合作，积极参与行业标准的制定和技术创新联盟的活动，以获取更多的创新资源和前沿技术信息。例如，华为每年将大量的营业收入投入研发中，在全球范围内设立多个研发中心，吸引了众多顶尖的通信技术人才。华为在5G、芯片研发等领域取得了众多突破性成果，凭借强大的研发基因，在全球通信市场中占据了重要地位。研发基因使企业能够不断推出具有竞争力的新技术、新产品，为企业的长期发展提供源源不断的动力。

服务基因则侧重于提升客户体验和企业的品牌形象。在数智时代，客户对服务的要求越来越高，不仅关注产品的质量和性能，更注重购买和使用过程中的服务体验。具备服务基因的企业，可以建立全方位、多层次的客户服务体系，从售前的咨询解答、售中的订单跟踪到售后的技术支持、维修保养等环节，都能为客户提供优质、高效、个性化的服务。例如，海底捞以其卓越的服务基因闻名，从热情周到的接待、贴心的用餐服务到及时的客户反馈处理，海底捞为客户提供了一种宾至如归的用餐体验，赢得了广大客户的高度认可和良好口碑。服务基因有助于企业增强客户黏性，促进客户重复购买及其口碑传播，从而为企业带来持续稳定的业务增长。

数智时代，信息加工和处理能力，以及信息传播速度，都在加速企业的进化，以上是常见的互联网赋予企业的裂变能力，关于这些裂变能力如何真正成为企业的发展动力甚至加速飞轮旋转的内容，将在后续展开。

2.5　企业自身的裂变实践

企业自身要想进行裂变实践，一定要构建足够强大的内核。在这里，推荐采用吉姆的飞轮理论，一方面这一理论已经被全球几百家企业实践证明，另一方面这一理论比较适合处于创业期或高速成长期的企业。我自己的公司也践行飞轮理论，经过构建飞轮，并不断迭代优化飞轮，公司得到快速发展。

自吉姆2010年出版《飞轮效应》后，有不少中国企业家追随这位专家，构建自己企业的飞轮。吉姆在管理领域的深厚造诣以及其著作所展现出的深刻见解和实用价值，使他在商业界拥有极高的专业声誉。全球不少企业家都读过吉姆的书，如《基业长青》和《从优秀到卓越》，对其管理思想产生了浓厚兴趣和高度认同，从而主动寻求他的专业指导，其中包括亚马逊的创始人杰夫·贝索斯。

2.5.1 企业飞轮是一套动力系统

亚马逊最初只是一家在线书店，在拓展业务至其他品类时，面临诸多挑战，如在解决不同商品的供应链管理、库存控制等问题的同时还要保持盈利增长，这并非易事，需要投入大量资金来建立基础设施和拓展市场。随着公司规模的扩大，部门之间的协调和沟通变得困难，例如配送任务在不同地区部门之间难以有效协调，导致工作效率低下，影响客户体验。面对这些问题，贝索斯邀请吉姆成为他的个人顾问，他们一起来解决这些难题。下面是亚马逊根据吉姆的要求和指导，梳理出的亚马逊过去 10 年商业成功的关键要素。

> 核心价值与关键流程。贝索斯以"为客户创造更多价值"为企业的价值定位，构建包括高效供应链管理、精准库存控制、强大客户关系管理等在内的关键流程。例如，通过优化供应链，降低成本，为客户提供更多低价商品；利用数据分析了解客户需求，实现精准营销和个性化推荐，提升客户体验。

> 打造增强回路。亚马逊建立一个良性循环的增强回路，即客户越多，销售量越大，与供应商谈判获取的价格优惠越多，从而降低成本，提供大量低价商品吸引更多客户。同时，客户的良好体验和口碑传播又吸引了更多新客户，推动业务不断增长。

> 构建辅助支撑体系。亚马逊构建强大的技术平台、先进的物流配送网络以及专业的数据分析系统等辅助支撑体系。如亚马逊的物流配送体系不断升级，实现快速高效的商品配送；其数据分析系统能够深入挖掘客户数据，为业务决策提供有力支持。

> 坚持长期执行企业战略与持续创新。在面对各种困难和挑战时，亚马逊始终坚持长期执行企业战略，不为短期利益所动摇。同时，不断进行技

术创新和业务拓展，如推出亚马逊会员服务，提升客户忠诚度；利用 AI
和机器学习等新技术改进商业模式。

完成这些工作后，吉姆指导贝索斯的团队构建企业飞轮。飞轮理论讲的是
在基础的运营情况下，企业一定要寻求自我突破，要不断降低成本、降低价格
或者创新，来提高毛利率，从而提高增长率。这套增长理论不是凭空产生的，
其基于亚马逊过去 10 年的成功和失败经验及动力学增强链路（变量、因果链、
增强回路、调节回路、滞后效应），让飞轮每个构件相互关联，这一点与华为
的熵减理论异曲同工。在吉姆的指导下，亚马逊走向生态化发展的道路，从零
售业务拓展至云计算业务领域，实现从电子商务到云服务的跨越，进一步推动
企业飞速发展。这个飞轮至今仍对亚马逊适用，由此可见一家企业的优秀基因
其实不是可以轻易构建出来的。

吉姆在深入研究众多成功企业后，总结出的这套构建飞轮的方法，是一家
企业成功的核心要素，而非某个业务的成功要素。这一方法主要包含 6 个关键
步骤。

第一步，列出企业已经实现的、重大的、可复制的成功，包括远超预期的
创举和新产品。

第二步，列出企业经历过的失败，包括那些远没有达到预期或彻底失败的
举措和产品。

第三步，对比成功与失败的案例，并思考"从这些经验与教训中我们能发
现哪些可以组成飞轮的构件"。

第四步，利用发现的飞轮构件（4~6 个），组成一个飞轮。首先要确定飞轮
始于何处，也就是飞轮循环转动中最重要的部分，再构思接下来依次是什么。
必须能解释构件之间的逻辑顺序，并据此描绘出回归循环到顶部的路径。同
时，必须能解释清楚这个闭环是如何自驱加速的。

第五步，如果构件超过 6 个，飞轮就会过于复杂，要简化并巩固构件，从
而抓住飞轮的本质。

第六步，用成功清单和失败清单检验飞轮。要不断地调整飞轮构件直到它既能将最关键的、可复制的成功显而易见地呈现出来，也能将最重大的失败和最明显的痛点清晰地暴露出来。

此外，吉姆的刺猬理论也在亚马逊构建飞轮过程中起到了重要作用。刺猬理论强调企业要专注于自己最擅长的领域，就像刺猬只专注于一件它能做好的事情。亚马逊专注于电子商务领域，不断精耕细作，将自身的优势发挥到极致，避免分散精力在与核心业务无关的领域。

在完成飞轮构建后，经过数年的迭代优化，亚马逊展现出了强大的商业裂变能力。亚马逊从最初的零售业巨头成功进军云服务业，组建了云服务供应商——亚马逊网络服务（Amazon Web Service，AWS）。这一商业裂变正是基于其强大的飞轮，驱动企业不断实现更高的商业价值，从而出现增强效应。在零售业务中积累的海量数据处理经验、强大的技术研发能力和高效的运营管理体系，成了 AWS 发展的坚实基础。AWS 利用亚马逊在全球的数据中心布局、先进的云计算技术以及完善的安全保障体系，吸引了全球众多企业客户，从初创企业到大型企业，都依赖 AWS 提供的云服务来支撑其业务运营。这种从零售业到云服务业的商业裂变与跨越，并非偶然，而是飞轮运转过程中所产生的强大动力推动企业不断扩展业务边界，寻找新的增长机会，实现商业价值的指数级增长。亚马逊飞轮如图 2-5 所示。

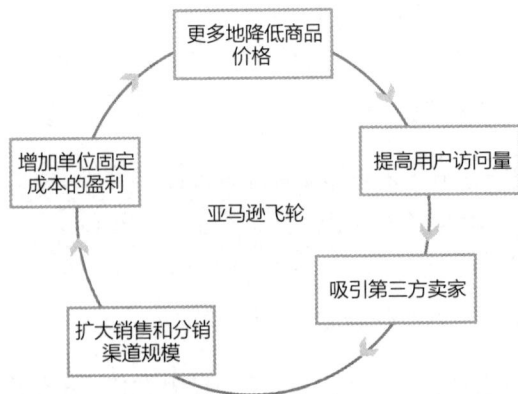

图 2-5　亚马逊飞轮

飞轮与商业裂变之间存在着紧密的内在联系。飞轮的持续转动为商业裂变提供了稳定而强大的动力源泉。当企业的飞轮构建完善并高效运转时，企业在核心业务领域积累的资源、能力和品牌影响力等要素，会像原子核裂变一样，释放出巨大能量，推动企业向新的业务领域拓展，实现多元化发展和规模的快速扩大。同时，商业裂变的成功又会为飞轮的持续转动注入新的活力和资源，进一步加速飞轮的运转，形成一种相互促进、良性循环的发展态势。例如，AWS 的成功为亚马逊带来了丰厚的利润和先进的技术经验，这些资源又被投入零售业务的优化以及其他新业务的探索中，使得亚马逊的整个商业体系更加稳固和强大。

总之，吉姆帮助亚马逊识别并构建的飞轮，以及与之相关的理论和方法，不仅成就了亚马逊在零售和云服务领域的卓越地位，也为全球商业界提供了一个极具价值的成功范例，让众多企业深刻认识到构建飞轮对实现商业裂变和持续发展的重要意义。

2.5.2　企业飞轮惊人的领先效果

飞轮起于何处？我们必须要有全局观，纵观整个企业为所在行业的生态链、产业链创造的价值是什么。例如，为客户创造更多价值是亚马逊的核心价值定位，也是飞轮的起点。如果企业的价值定位不准，就无法构建飞轮。

有的企业面向未来的愿景不清晰或者已经过时，但企业管理团队却对此不闻不问。例如，深圳某校园团餐企业 Z 公司，公司规模比较大，在行业内的市场份额也排在第一位，但企业中元老级人物非常多，他们对行业内的各种落后做法司空见惯，甚至觉得这个行业本身就是这样的，已经无法改变。我帮助这样的企业成为愿景驱动型企业，对标行业内领先的 Y 公司。通过向创新型的同行学习，这家企业开始了构建飞轮的第一步：让美味团餐服务每个家庭。这个新的愿景，驱动整个组织开始改变，而不是像过去那样只是为了未来企业自身的利益而工作。

相比之下，珠海某营养品制造企业 T 公司，过去一直面临产品原材料溯源难、产品质量难以让客户满意等诸多问题。而这家企业在我的辅导下，明确了企业的价值定位：为客户提供家人般的关怀。为此，这家企业构建了自己的飞轮：

第一，以消费者健康价值为核心，持续推动"科学营养"和专业的产品创新策略落地。通过开展抗衰老及精准营养等前瞻性基础研究，基于研究成果进行相关产品研发，致力于为消费者创造健康价值。

第二，秉持"取自全球，健康全家"的理念，T 公司严格筛选全球优质原料，确保产品品质。其原料来源广泛，覆盖多个国家和地区，如从新西兰、澳大利亚进口乳清蛋白，从挪威进口鱼油等，从源头把控产品质量。

第三，建设先进的透明工厂，坚持以诚信为本，将生产过程向公众透明展示，接受社会监督。消费者可以通过参观工厂、观看线上直播等方式，了解产品从原料到成品的每一个生产环节。这体现了 T 公司对产品质量的高度自信和对消费者的负责态度。

从上面的案例可以看出，明确企业的价值定位，树立商业领先的目标是构建飞轮的起点，而飞轮就是形成商业价值循环的企业最小动力系统。如果一个企业连商业价值循环都做不到，缺乏动力系统的正向反馈，企业的利润增长就是空中楼阁。

当企业在飞轮的驱动下实现商业裂变后，新的业务领域或产品线所带来的资源、技术、市场份额以及品牌影响力等，又会反哺飞轮体系，进一步加速飞轮的转动。例如，腾讯以社交网络为核心构建了庞大的飞轮。通过 QQ 和微信等社交平台，腾讯积累了海量的用户资源，形成了较强的用户黏性和较完善的社交生态。基于这一飞轮，腾讯不断进行商业裂变，拓展到游戏、支付、金融科技、数字内容、云计算等多个领域。在游戏领域，腾讯凭借庞大的用户流量和社交关系链，打造了多款风靡全球的游戏产品。这些游戏的巨大成功不仅为腾讯带来了丰厚的收入，还进一步增强了用户对腾讯社交平台的黏性，因为游戏中的社交互动功能与腾讯的社交生态紧密相连。同时，腾讯在支付和金融科技领域的发展，如微信支付的广泛普及，也为其社交平台的商业价值循环提供了关键支撑，促进了用户在平台内的消费行为，提升了整体的商业价值。这些商业裂变所产生的积极效应不断反哺腾讯的社交飞轮，使其在用户数量、用户活跃度、数据资源积累以及技术创新能力等方面都得到了进一步的提升，从而加速了飞轮的运转，使腾讯在全球商业舞台上的竞争力愈发提高。

2.5.3 没有飞轮就无法商业裂变

企业商业裂变与飞轮有什么关系？企业应坚持一个原则：如果企业自身没有飞轮，就不要尝试商业裂变。一个商业根基不牢固的企业，过早尝试商业裂变，之后分散财力、物力，使企业经营情况加速恶化，带来的只能是恶果。

飞轮理论强调企业通过一系列相互关联、协同增效的要素与行动，形成一个持续积累、自我强化的正向循环系统。就如同一个巨大的飞轮，起初推动它需要付出较大的努力，但随着每一次转动所产生的动力不断叠加，飞轮会逐渐加速，最终凭借自身积累的强大动能稳定而高速地运转。当企业成功构建起这样的飞轮时，它便为商业裂变提供了不可或缺的核心动力。例如，亚马逊以客户体验为核心构建起了其独特的飞轮。亚马逊通过持续优化供应链管理以降低成本、提供丰富的商品、提升物流配送效率以及打造卓越的客户服务体系等一系列举措，形成了客户增多促使成本降低，进而吸引更多客户的良性循环。在这个飞轮的强劲驱动下，亚马逊得以从最初的在线图书销售业务逐步裂变拓展到 AWS、智能硬件、生鲜配送等多个领域。AWS 凭借亚马逊在数据中心建设、技术研发以及大规模运营管理方面积累的优势迅速崛起，成为全球领先的云服务提供商；亚马逊的智能硬件产品，如 Echo 系列智能音箱，也借助亚马逊庞大的用户基础和强大的生态系统得以广泛推广；亚马逊的生鲜配送业务则依靠高效的物流网络和精准的客户需求把握成功切入市场。这些商业裂变的成功案例无一不是建立在亚马逊强大的飞轮动力之上的。

构建企业飞轮非常困难，而且飞轮旋转起来也需要一定的时间，只有经过多次迭代后企业飞轮才能旋转起来。吉姆使用刺猬理论来验证飞轮是否可以旋转。这个验证方法简单而且有效，已经有几十家企业在吉姆的帮助下构建了自己的飞轮，它们有些来自互联网行业（例如亚马逊、英特尔），有些来自服务行业，也有来自制造行业的。

很多企业常面临的问题是：企业经营成果很好，但企业管理团队可能对组织系统不够重视，企业可能刚刚完成飞轮中一到两个构件的构建。由于市场或团队运作良好，企业在飞轮还没有完全构建好的情况下，率先实现商业价值循环。于是，这样没有强大自驱能力的"优秀"企业，就开始沾沾自喜，错失了构建完整飞轮的机会。等到市场情况恶化时，企业可能无法拿出资金来完成飞轮的构建。这样的企业，想要跨越产业周期或生死线，是非常困难的。

一个完善的飞轮能够整合企业的资源、能力、流程与文化等多方面要素，使企业形成一个有机整体。在这个过程中，企业明确了自身的核心竞争力、目标客户群体、关键业务流程以及长期发展战略。这些要素的整合与明确为商业裂变提供了坚实的基础。以海底捞为例，它构建了以极致服务体验为核心的飞轮。海底捞通过对员工的精心培训与激励，打造了一支热情、专业且富有创造力的服务团队。这些员工能够为客户提供无微不至的个性化服务，从进门时的热情接待、就餐过程中的贴心关怀到离店时的真诚送别，每一个环节都让客户感受到独特的尊重与关怀。这种极致的服务体验吸引了大量客户，形成了良好的口碑传播，进而提升了品牌知名度与美誉度。

在这一飞轮的基础上，海底捞开始尝试商业裂变，逐渐拓展业务范围，推出了外卖服务、火锅底料及调味料的零售业务等。由于在飞轮的构建过程中，海底捞已经建立了强大的品牌形象、高效的运营管理体系以及对客户需求的深刻理解，这些优势得以顺利延伸到新的业务领域，为其商业裂变的成功提供了有力保障。

如果企业在没有构建完整飞轮的情况下，过早进行商业裂变，就会适得其反。例如，F公司最初以视频网站业务起家，在网络视频领域取得了一定的市场份额。F公司视频平台的视频内容涵盖了影视、综艺、动漫等方面，通过大量正版内容的采购和自制内容的投入，吸引了众多用户的关注和使用，逐渐成为国内知名的视频平台之一。在这一阶段，F公司可以说初步形成了以内容为核心吸引用户的业务模式，但尚未构建完整的飞轮，F公司便开始了大规模的商业裂变和多元化扩张。公司创始人提出了"视频生态"的概念，试图打造一个涵盖视频、电视、手机、汽车、金融等多个领域的庞大商业帝国。结果可想而知，面对激烈的市场竞争和较高的技术门槛，该公司需要投入大量的资金、人力和时间去研发、生产和推广。然而，视频核心业务的产出，无法支撑该公司多个新业务板块同时发展的需求，最终该公司不得不剥离新业务。

构建完整飞轮是关键的一步。企业应精准定位核心价值，优化关键流程，形成强大的增强回路，并搭建稳固的辅助支撑体系，长期不懈推动其运转，让业务各环节紧密咬合、协同共进，实现自驱的商业价值循环；同时，学习华为构建强大的组织系统，注重人才选拔与培养，打造高效协作团队，激发员工的创造力与拼搏精神；持续完善企业管理机制，提升决策科学性、运营效率与风险应对能力。唯有将飞轮理论与组织能力建设有机融合，不断强化管理效能，才可能在激烈竞争中脱颖而出，取得商业领域的非凡成就，书写企业辉煌篇章，赢得长久的竞争优势与持续增长动力。

第三章

追求卓越的投资管理

3.1 产品投资管理

在追求卓越商业结果的道路上，大部分企业通过领先或卓越的产品或服务获得商业结果。卓越就意味着合理配置资源、高效运作，对准客户侧或终端侧实现商业价值的兑现，并且持续创新，如同永不停歇的飞轮，推动企业不断进化，适应时代的快速变迁。尽管这条道路布满荆棘，充满不确定性，但正是对卓越商业结果的执着追求，激励着企业家们勇往直前，为商业世界增添无尽的活力与魅力。本章会讨论多种企业投资场景，产品投资管理是企业业务运作中非常重要的一环。

3.1.1 从开发行为向投资行为转变

并不是所有企业一开始就有卓越的产品，大部分企业都是从无名时期成长起来的，华为也不例外。在企业发展历程中，产品开发的管理模式对企业的兴衰成败起着决定性作用。华为在早期也面临着严峻的产品开发挑战，如产品开发投入多、变更多且质量不稳定，这些问题给组织带来了极大的资源浪费与效率损耗。华为实施了 IPD 变革，IPD 强调以市场需求作为产品开发的驱动力，将产品开发作为一项投资进行管理。从开发行为向投资行为的转变，为众多企业的产品或接近方案实现卓越目标提供了极具借鉴价值的范例。

传统的开发行为往往侧重于技术实现与产品功能堆砌，缺乏对市场需求、投资回报和整体战略的通盘考量。华为在实施 IPD 变革前，研发部门可能因过度追求技术先进性而忽视了市场的实际接受程度和产品的盈利性。虽然大量资金投入产品开发中，但由于缺乏有效的前期规划与市场导向，产品频繁变更。

研发过程中，各环节协同不畅，质量难以得到稳定保障，使得产品推向市场后无法达到预期效果，不仅影响了客户满意度，还造成了库存积压、售后成本增加等一系列连锁反应，严重削弱了企业的竞争力和盈利能力。

IPD 变革所倡导的从开发行为向投资行为转变，彻底重塑了华为的产品开发理念。这套理念将产品开发视为一种投资决策过程，在项目启动前，进行全面而深入的市场调研与分析，精准洞察客户需求、竞争态势以及市场趋势，以此确定产品的市场定位与商业目标。例如，华为的研发团队不再孤立地进行技术研发，而是与市场、销售、财务等多部门紧密协作，共同评估产品开发的可行性与投资回报率。在产品开发过程中，严格遵循既定的项目计划与流程规范，强化各环节的质量把控，减少不必要的变更与返工。同时，建立完善的产品生命周期管理体系，实时监控产品在市场中的表现，根据反馈及时调整策略，确保产品始终能够适应市场变化并保持竞争力。产品开发一条龙带来的价值如图 3-1 所示。

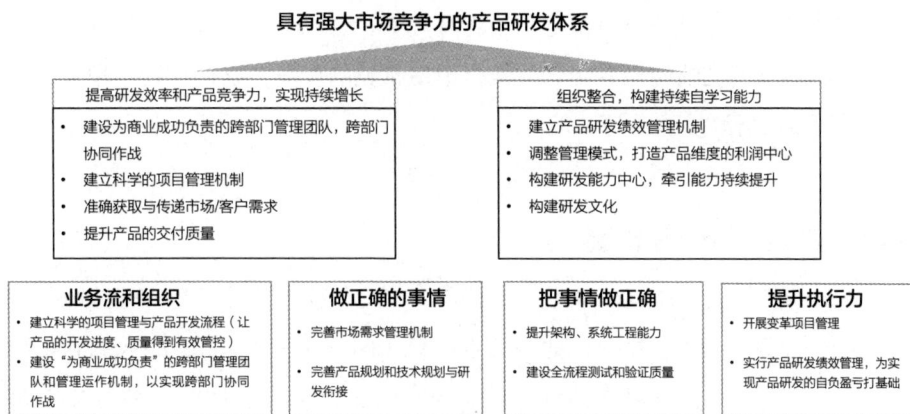

具有强大市场竞争力的产品研发体系

提高研发效率和产品竞争力，实现持续增长	组织整合，构建持续自学习能力
• 建设为商业成功负责的跨部门管理团队，跨部门协同作战 • 建立科学的项目管理机制 • 准确获取与传递市场/客户需求 • 提升产品的交付质量	• 建立产品研发绩效管理机制 • 调整管理模式，打造产品维度的利润中心 • 构建研发能力中心，牵引能力持续提升 • 构建研发文化

业务流和组织	做正确的事情	把事情做正确	提升执行力
• 建立科学的项目管理与产品开发流程（让产品的开发进度、质量得到有效管控） • 建设"为商业成功负责"的跨部门管理团队和管理运作机制，以实现跨部门协同作战	• 完善市场需求管理机制 • 完善产品规划和技术规划与研发衔接	• 提升架构、系统工程能力 • 建设全流程测试和验证质量	• 开展变革项目管理 • 实行产品研发绩效管理，为实现产品研发的自负盈亏打基础

图 3-1 产品开发一条龙带来的价值

产品开发一条龙实践让一个技术化团队变成商业化团队。整个团队成员来自企业各大职能部门，如开发部门、市场部门、销售部门、采购部门、质量部门、人力资源部门、财务部门等。经过严格选拔的人才、有过成功经验的人才才能成为重量级团队成员。这样一支优秀的队伍能够做正确的事情，并且在规定时间内把事情做正确。产品开发一条龙组织有效破除了部门墙带来的沟通不畅、内耗等问题，为产品的商业结果负责。

许多企业在产品开发过程中深陷类似困境：产品同质化严重、开发周期长、成本高且质量参差不齐。通过学习华为的 IPD 变革和产品投资管理，企业能够从源头上扭转产品不够有竞争力的局面。企业应树立投资导向的产品开发思维，例如，在产品规划阶段重点考量市场需求、技术可行性、成本效益以及风险因素，制定科学合理的产品开发战略；加强跨部门团队的协作与沟通，打破部门壁垒，让研发、市场、销售、财务等部门形成合力，共同为产品的商业成功负责；建立健全的项目管理机制与质量保障体系，对产品开发的全过程进行精细化管理与监控，确保每一个环节都能高效运作并符合预期质量标准。引入 IPD 管理体系是一个长期过程，需要的时间少则五年，多则十年。

总之，从开发行为向投资行为转变是企业实现产品卓越的关键路径。华为通过产品投资管理成功应对了产品开发中的诸多挑战，为其他企业提供了可复制的成功模式。在竞争日益激烈的市场环境中，企业唯有积极借鉴华为经验，实现产品开发模式的转型升级，才能打造出卓越的产品，赢得市场份额与客户口碑，实现可持续发展。

3.1.2　产品投资管理机制

华为的产品投资管理体系采用群策群力的运作模式，那么都有哪些团队对产品投资决策负责？IPMT、业务管理团队（Business Management Team，BMT）、产品开发团队（Product Development Team，PDT）和 SPDT 扮演着关键的决策角色，它们在组织架构与决策流程上既相互关联又各有侧重，共同构成了一套严谨高效的产品投资管理机制。产品投资管理机制如图 3-2 所示。

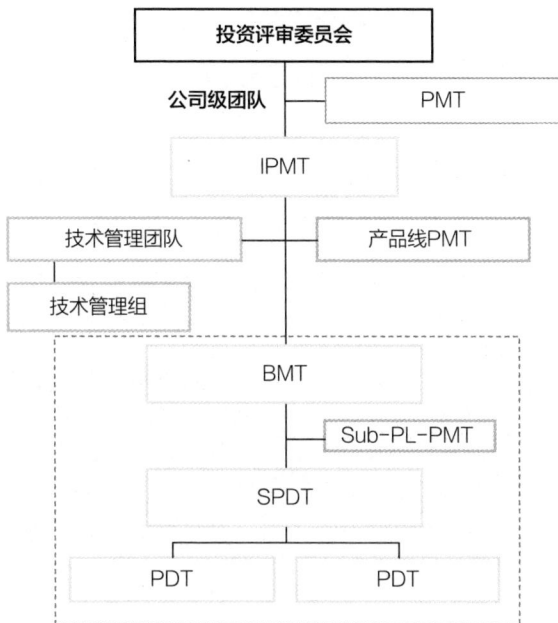

图 3-2　产品投资管理机制

（1）IPMT：战略把控与资源分配的枢纽

IPMT 是华为产品投资决策的最高层级团队，通常由公司高层领导以及各个业务领域的核心负责人组成，对产业商业成功负责，对应到 IPD 流程中，其关键价值是"做正确的事情"。IPMT 主要负责制定公司的产业级产品战略和规划，对产品组合进行全面管理和优化，把控产品投资的总体方向和资源分配原则。IPMT 基于对市场趋势、技术发展、公司战略目标以及财务状况等多方面因素的综合考量，确定哪些产品项目值得投资、投资的规模和优先级如何安排等重大决策。例如，在面对新兴的 5G 浪潮时，IPMT 依据全球通信市场的发展趋势、华为自身在通信技术领域的积累以及长期战略布局，决定大力投入资源进行 5G 产品的研发和市场推广，将 5G 相关产品项目列为公司的重点投资领域，调配最合适的人力、物力和财力资源，确保华为在全球 5G 竞争中占据领先地位。

（2）BMT：业务领域的精细化管理与决策支持

BMT 聚焦于特定业务领域的商业投资决策。BMT 深入研究所在业务领域的市场动态、客户需求、竞争对手情况等，接受 IPMT、PMT 的统一管理。BMT 负责制定本业务领域的产品发展策略、业务计划以及预算规划，并对业务领域内的产品项目进行初步筛选和评估。在产品开发过程中，BMT 持续监控产品的市场表现和业务指标，及时发现问题并提出调整建议。例如，在华为的智能手机业务领域，高端机型的 BMT 密切关注手机市场的消费者需求变化、各大品牌的竞争态势以及新技术在手机产品中的应用趋势。当决定是否推出一款新的智能手机时，BMT 会综合考虑该款手机的目标客户群体、市场定位、预计销量、成本结构以及对品牌形象的影响等因素。投资额度大于一定数值的项目，其投资决策交给 IPMT 完成；小于等于这一数值的项目则在 BMT 层面完成投资决策。

（3）PDT：产品开发的具体执行与跨部门协作

PDT 负责单产品的开发，由来自研发、市场、销售、财务、供应链等多个部门的专业人员组成，是最小的产品开发单元，也是最小的经营决策单元。PDT 负责将产品概念转化为实际的产品，在商业业绩方面，PDT 要向 IPMT、BMT 做出承诺。PDT 成员在产品开发过程中紧密协作，充分发挥各自在专业领域的优势，确保产品按时、按质、按量交付。例如，在华为某款通信设备的开发过程中，PDT 中的研发人员负责产品的技术研发和创新，市场人员提供市场需求和客户反馈信息，销售人员参与产品的市场定位和销售策略制定，财务人员进行成本控制和投资效益分析，供应链人员保障原材料供应和生产制造的顺利进行。PDT 通过有效的跨部门协作机制，确保产品开发过程中的各个环节紧密衔接，提升产品投资结果的准确性。

（4）SPDT：大型复杂产品项目的专项管理团队

SPDT 负责一个系列多产品的投资和业务管理。SPDT 是 PDT 的上级，对一个系列多产品的开发、经营结果负责，而商业投资专业能力往往交给 PMT 来完成，PMT 向 BMT 汇报工作，同时 PMT 要支撑 SPDT 的运作。SPDT 负责从产品概念设计到产品生命周期结束的全过程管理，包括产品规划、开发、上市、运营以及退市等各个阶段。例如，华为在云计算业务领域的一些大型数据中心建设项目，由于项目规模庞大、涉及技术复杂且对公司未来发展具有重要战略意义，华为便成立了专门的 SPDT 进行管理。SPDT 可以直接调动公司内部相关资源，协调各方利益，快速响应市场变化和客户需求，确保大型复杂产品项目的成功实施。

（5）各层级决策特点

①IPMT 的决策特点。IPMT 的决策对跨产业的商业投资结果负责，具备宏观性、战略性和资源导向性。其决策主要基于公司的整体战略目标和长期发展规划，重点关注产品组合的整体效益和资源的合理分配。在决策过程中，IPMT 需要平衡不同产业的业务领域和产品项目之间的资源需求，确保公司有限的资源能够投入最具潜力和战略价值的产品项目中。例如，当面临多个产品项目竞争有限资源时，IPMT 会综合评估各个项目的市场前景、技术创新性、战略契合度以及投资回报率等因素，决定资源的倾斜方向。这种决策往往需要较长时间的深入研究和广泛讨论，因为其涉及公司的整体战略布局和资源分配格局的调整。

②BMT 的决策特点。BMT 属于商业决策条线，主要工作包括战略规划、商业规划、市场管理、营销平台能力建设等。BMT 在 IPMT 制定的总体战略框架下，深入分析本业务领域的市场细节和客户需求，代表客户利益，为产品项目提供更具针对性的决策建议。BMT 的决策主要围绕业务领域内产品项目的可行性、市场竞争力以及业务增长潜力等方面展开。例如，在决定是否对某一产品线进行技术升级或功能扩展时，BMT 会详细分析该产品线在市场中的现有地位、客户对产品功能的反馈、竞争对手类似产品的发展动态以及技术升级所需的成本和预期收益等因素。BMT 的决策相对较为灵活，能够快速响应业务领域内的市场变化和客户需求，但同时需要与 IPMT 的总体战略保持一致。

③PDT 的决策特点。PDT 的决策主要集中在单个产品端到端的开发与投资执行，具有较强的操作性和及时性。PDT 需要根据 IPMT 和 BMT 确定的产

品开发目标和商业要求，迅速做出关于产品设计、开发进度、技术选型、资源调配等方面的决策。PDT 的决策重点在于确保产品开发过程的顺利进行，及时解决开发过程中遇到的各种技术、市场和资源问题。例如，在产品开发过程中，如果发现某个技术难题可能影响产品的按时交付，PDT 会立即组织相关技术人员进行讨论，决定是否采用替代技术方案或调整开发进度。PDT 的决策通常是在较短时间内做出的，以保证产品开发工作的高效推进。

④ SPDT 的决策特点。SPDT 的决策兼具宏观战略把控和微观项目执行的特点，是多个 PDT 决策的集合。由于负责大型复杂产品项目的全过程管理，SPDT 在决策时既要考虑不同业务单元共同的能力要求，构建平台性能力，从而减少不同业务之间的重复性投入，又要关注项目实施过程中的各种细节问题。例如，在大型云计算数据中心建设项目中，SPDT 在项目初期要根据公司云计算产品的概念设计、技术规划、产品规划等方面进行决策，确保产品按时面向市场发布并稳定运行。

3.1.3 产品投资管理对准商业结果

怎么判断投资管理做得好还是坏？答案就是用结果来衡量：产品投资管理是否对准商业结果？某科技企业（以下简称 X 企业）在成立初期，主要依靠创始人的技术优势开发了几款具有一定创新性的产品，但在产品管理和投资决策方面缺乏系统的机制。随着市场竞争的加剧，X 企业面临着诸多问题，如产品开发缺乏规划，多个项目同时进行导致资源分散；产品与市场需求脱节，部分产品投放市场后反响不佳；决策过程混乱，各部门之间缺乏有效的沟通与协作，导致产品开发周期长、成本高且质量不稳定。

为了扭转这一局面，X 企业决定引入华为的产品投资管理机制。首先，X 企业成立了 IPMT，由企业高层领导、各业务部门负责人以及外部行业专家组成。IPMT 对企业的产品组合进行了全面梳理，根据市场前景、技术趋势和企业战略目标，确定了重点投资的产品领域和项目优先级。例如，在分析了当前 AI 和物联网市场的快速发展趋势后，IPMT 决定将资源重点投向基于 AI 和物联网技术的智能家居产品系列开发项目。

同时，X 企业针对不同的业务产品线设立了 BMT，如智能家居 BMT、智能安防 BMT 等。这些 BMT 深入研究各自产品线的市场情况，制定详细的业务计划和产品发展策略，并为 IPMT 提供专业的决策建议。以智能家居 BMT 为例，其通过市场调研发现消费者对智能家居产品的互联互通性和个性化定制功能有较高需求，于是建议 IPMT 在智能家居产品开发中加大对这方面技术的投入，并调整产品功能设计和市场定位。

在产品开发层面，X 企业组建了多个 PDT，PDT 隶属于智能家居 SPDT。对于一些相对较小的智能家居产品项目，如智能灯泡、智能插座等，X 企业成立了 PDT 负责产品开发。PDT 成员包括研发、市场、销售、财务等部门人员，他们按照 IPMT 和 BMT 确定的商业开发计划，密切协作，高效完成产品开发工作。例如，在智能灯泡开发项目中，PDT 中的研发人员成功攻克了智能调光和节能技术难题，市场人员根据消费者需求设计了时尚简约的产品外观和包装，销售人员提前制定了销售渠道拓展计划，财务人员严格控制产品成本，使得该产品在上市后迅速获得市场认可，成为企业的一款畅销产品。PDT 可以让组织人才得到复用，同时通过 PDT 运作，保持产品开发过程的独立运作。

对于大型的智能家居系统集成项目，如全屋智能家居解决方案，X 企业成立了 SPDT 进行产业级的投资管理。SPDT 对从项目规划、技术选型、系统集成到市场推广和售后服务进行全过程管理。在项目规划阶段，SPDT 根据 IPMT 的战略决策，确定了全屋智能家居解决方案的技术架构、功能模块和客户体验目标；在项目实施阶段，SPDT 协调各方资源，确保各个子系统（如智能照明系统、智能安防系统、智能家电控制系统等）能够无缝集成，并按时交付给客户；在市场推广阶段，SPDT 与市场部门合作，制定了针对高端住宅市场的营销方案，通过参加智能家居展会、与房地产开发商合作等方式，迅速提高了产品的知名度和市场占有率。

引入华为的产品投资管理机制后，X 企业取得了显著的商业成果。在产品方面，X 企业推出了一系列具有竞争力的智能家居产品，产品质量得到了大幅提升，产品功能更加贴合市场需求。在市场方面，X企业的市场份额逐年提高，品牌知名度不断提高，与多家知名房地产开发商、家居建材商建立了长期合作关系，产品销售渠道得到了有效拓展。在财务方面，X企业的销售收入和利润实现快速增长，产品开发成本得到有效控制，投资回报率显著提高。例如，在引入该机制后的3年内，企业的销售收入增长了200%，净利润增长了300%，产品开发周期平均缩短了30%，产品故障率降低了50%。

综上所述，华为的产品投资管理机制通过IPMT、BMT、PDT和SPDT的协同运作，实现了从战略规划到产品开发再到市场推广的全过程管理和决策优化。其他企业在借鉴这一机制时，需要结合自身实际情况，合理构建组织架构，明确各团队的职责和决策流程，实现产品管理的科学化和投资决策的高效化，从而在激烈的市场竞争中取得卓越的商业成果。

华为在产品投资管理上的核心实践，是让产品开发团队和需求管理、市场开发团队（前端团队）相互独立。产品开发团队（PDT、SPDT）代表华为利益，而前端团队（IPMT、BMT）代表客户利益，让两方团队之间"拧麻花"，实现投资与收益，使得华为与客户共赢，是华为产品投资管理实践最大的亮点之一，这也是华为组织系统中营销大平台能力强的重要表现。

3.2 技术投资管理

在当今商业世界，技术创新无疑是一把双刃剑。它蕴含着巨大的潜力，能够为企业开辟全新的发展路径，重塑市场格局，但同时也是商业竞争中最具不确定性的要素之一。华为作为全球领先的高科技企业，在其发展历程中深刻认识到这一点，并逐步构建起一套完善的技术投资管理体系，实现了从纯技术探索到技术驱动商业发展的转型。其中，ITMT（Integrated Technology Management Team，集成技术管理团队）在这一过程中扮演着极为关键的角色。

3.2.1 从纯技术探索到技术驱动商业发展

华为早期在通信技术领域处于追赶者的地位。当时，技术创新主要集中在对先进通信技术的跟进与局部优化方面。企业内部研发力量相对分散，缺乏系统性的技术投资规划与管理；研发决策更多地依赖于技术专家的个人判断和对行业技术趋势的直观感知，缺乏跨部门的协同评估机制。

例如，在早期的交换机技术研发中，研发团队专注于提升产品的技术性能指标，如交换容量、处理速度等，但对这些技术的改进如何与市场需求相结合、如何转化为商业价值缺乏深入的思考。这导致一些技术成果虽然在实验室环境下表现出色，但在实际市场应用中未能取得预期的商业效益。同时，由于缺乏有效的技术投资管理，研发资源分配不够合理，部分项目因过度投入而造成资源浪费，而一些具有潜在商业价值的技术方向却因资源不足而进展缓慢。

随着企业规模的扩大和市场竞争的加剧，华为开始意识到技术投资管理的重要性，并逐步建立起一些初步的管理机制。在技术规划方面，华为开始尝试制定年度技术研发计划，明确各个产品线的技术研发方向和重点项目。然而，这些计划在执行过程中仍然面临诸多挑战，如市场需求的快速变化导致技术研发方向需要频繁调整、各产品线之间的技术协同性较差等。

在技术评估环节，华为主要依靠内部技术专家对技术项目的可行性和先进性进行评估，但缺乏对技术项目商业前景的全面分析。例如，对于一些新兴通信技术的研究项目，虽然技术专家认为其具有较高的技术创新性，但没有充分考虑到市场的接受程度、技术标准的不确定性以及潜在竞争对手的反应等因素，导致部分项目在商业化过程中面临重重困难。

如今，华为建立了以ITMT为核心的技术投资管理机制（见图3-3），这个团队隶属于公司技术条线，它的上级组织是公司技术创新委员会。ITMT由公司技术管理主管、技术专家、市场专家、财务专家等多领域专业人员组成，负责对公司的整体技术战略进行规划和决策。ITMT 从公司战略高度出发，重点完成新技术从不确定到确定的管理，综合考虑市场需求、技术趋势、竞争态势以及企业内部资源等多方面因素，确定技术投资的重点领域和项目优先级。

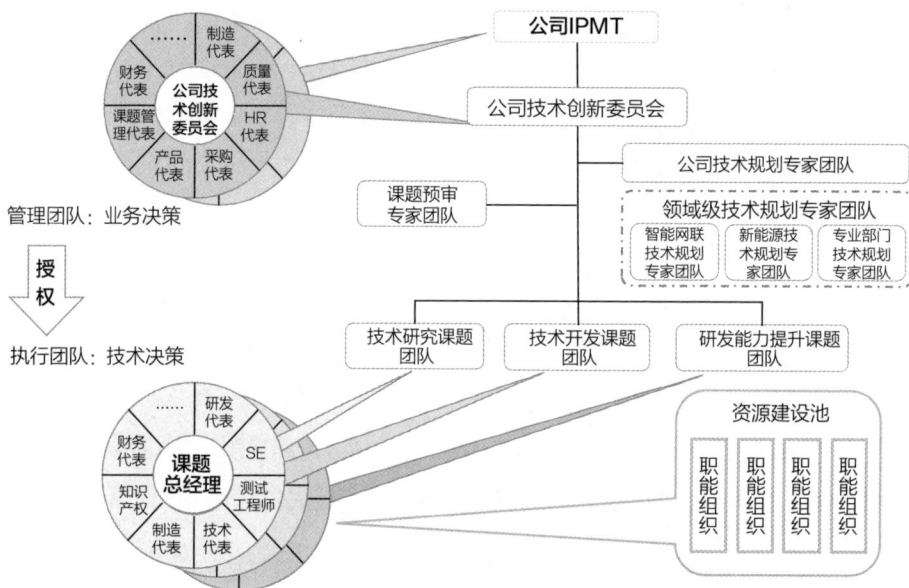

图 3-3　技术投资管理机制

（1）战略规划与资源分配

ITMT 在华为的技术投资管理中扮演着战略规划者和资源分配者的角色，是华为技术研发能力最强的团队。ITMT 从华为整体战略出发，综合考虑市场需求、技术趋势、竞争态势以及企业内部资源等多方面因素，制定年度技术研发计划和长期技术战略规划。在资源分配方面，ITMT 根据各个技术项目的战略重要性、商业潜力和技术可行性等指标，合理分配研发资金、人力和设备等资源。例如，在决定是否加大对 AI 领域的投资时，ITMT 会评估 AI 技术在未来通信、智能终端、企业服务等业务领域的应用潜力，分析竞争对手在该领域的技术布局，结合华为自身的技术积累和研发能力，确定合适的投资规模和资源分配方案，确保资源能够集中投入最具战略价值的技术项目中。

（2）技术项目评估与决策

ITMT 负责对各类技术项目进行全面评估和决策。在立项阶段，ITMT 组织跨部门的专家团队对项目的技术可行性、商业前景、投资回报率等进行详细评估。只有通过 ITMT 严格评估的项目才能获得立项批准，进入研发阶段。在项目研发过程中，ITMT 定期对项目进展情况进行监控和评估，根据市场变化、技术突破或其他突发情况，及时调整项目的研发方向、资源分配甚至决定项目的终止或延期。例如，在某个通信技术项目研发过程中，如果发现市场需求发生重大变化，或者出现了新的技术替代方案，ITMT 会迅速组织评估会议，决定是否调整项目的技术路线或终止项目，以避免资源的浪费和企业的战略失误。

（3）技术风险管理与应对

在技术投资管理过程中，ITMT 高度重视技术带来的不确定性，特别是新出现的技术，可能带来颠覆性的应用的风险的管理与应对。由于技术创新具有高度的不确定性，企业可能面临技术难题无法攻克、技术标准不统一、被竞争对手超越等风险。ITMT 建立完善的风险预警机制和应对策略库，对每个技术项目可能面临的风险进行提前识别和评估，并制定相应的风险应对措施。例如，对于一些关键技术项目，ITMT 可能会采取多技术路线并行研发的策略，以降低单一技术路线研发失败的风险；或者与高校、科研机构、合作伙伴等建立联合研发机制，共同承担技术风险，共享技术成果。通过有效的技术风险管理，华为能够在复杂多变的技术创新环境中保持稳健的发展态势。

例如，在面对 5G 的浪潮时，ITMT 深入分析了全球通信市场对高速率、低时延网络的需求，以及 5G 在物联网、智能交通、工业互联网等新兴领域的应用潜力。当时 5G 还不成熟，对于能够满足 5G 大带宽要求的编码技术，行业还未明确其技术标准，4G 时代的协议和编码基本上都是由西方科技公司主导的。这一次，ITMT 建议华为尽快布局 5G，以便打个翻身仗。在 5G 编码技术方面，华为选择与土耳其教授埃达尔合作，有效应对 5G 高速率、大容量、低时延数据传输所面临的复杂信道环境挑战。在 5G 标准制定过程中，信道编码技术是关键，它关乎数据传输的准确性与可靠性。极化码（Polar Code Polar 码）的应用使得华为在 5G 的物理层传输技术方面获得了显著优势。

凭借对 Polar 码深入的研究与创新应用，华为在 5G 领域构建起强大的技术壁垒。Polar 码先进的编码方案让华为在 5G 网络的覆盖范围、信号质量、数据传输速度等核心指标上都领先于众多竞争对手。例如，在城市复杂环境下的 5G 网络部署中，Polar 码的纠错机制保障了信号的稳定传输，减少了数据丢包现象，从而为用户提供了更流畅的 5G 体验，无论是在高清视频传输、大文件快速下载方面，还是在低时延的工业控制应用等方面都展现出卓越的性能。这也使得华为在全球 5G 市场竞争中脱颖而出，成为 5G 领军企业之一，华为在 5G 基站建设、通信设备供应以及 5G 应用推广等多方面占据了主导地位，极大地推动了全球 5G 产业的快速发展与技术革新。

在技术投资管理过程中，华为充分认识到技术创新的不确定性，建立了完善的风险管理机制。ITMT 定期对技术研发项目进行风险评估，包括对技术风险、市场风险、竞争风险以及政策法规风险等的评估。对于高风险项目，ITMT 制定相应的风险应对策略，如技术备份方案、市场试点计划、合作研发等。

同时，华为的技术投资管理体系具有高度的动态灵活性。随着市场环境、技术趋势和企业内部情况的变化，ITMT 及时对技术投资策略进行调整。例如，在 AI 技术领域，当发现深度学习算法在某些应用场景下存在局限性时，ITMT 迅速决定调整研发方向，加大对强化学习、联邦学习等新兴 AI 技术的研发投入，并将这些技术与华为的现有业务进行有机结合，如在智能运维、智能客服等领域的应用，确保华为在 AI 技术领域始终保持领先地位。

又例如，在华为云服务的技术研发过程中，技术研发团队在研发云计算核心技术的同时，与市场团队紧密合作，针对不同行业客户的需求，开发出了一系列具有针对性的云服务解决方案，如面向金融业的高安全云服务、面向制造业的工业互联网云平台等。这些解决方案在满足客户业务需求的同时，也为华为云服务带来了良好的商业效益。通过技术与商业的深度融合，华为实现了从纯技术探索到技术驱动商业发展的转变，使技术创新真正成为企业在商业竞争中的核心竞争力。

实现从纯技术探索到技术驱动商业发展的转变，是华为这样的标杆企业从优秀到卓越的重大跨越式发展。回顾2000年左右的华为走过的技术探索弯路，由于盲目追求技术领先而忽略商业竞争和节奏，最终华为不得不进行海外大发展，挽救企业发展命运。而当华为成为行业领先企业的时候，就需要加大对技术预研的投入，从而引领行业发展。华为技术投资管理组织能力体现在ITMT体系的建设、技术投资决策的管理，以及颠覆性技术的捕捉上。

3.2.2 技术与商业之间的冲突管理

在科技企业的发展历程中，技术与商业之间的关系犹如一把双刃剑，处理得当能引领企业迈向辉煌，反之则可能使企业陷入困境。华为在3G领域的经历便是一个典型的技术与商业冲突的案例，深刻地揭示了两者之间微妙而复杂的关系，以及有效进行冲突管理的重要性。

任正非的见解"领先一步是英雄，领先三步是先烈"，精准地概括了技术创新与商业应用之间的平衡难题。在商业竞争中，适度的技术领先能够使企业抢占市场先机，满足消费者尚未被充分满足的需求，从而树立品牌形象，获取竞争优势。例如，在智能手机行业，那些率先推出具有创新性功能（如高清摄像头、快充技术等）且能与市场需求相契合的企业，往往能够在市场中脱颖而出，成为行业领导者，这便是"领先一步是英雄"的体现。

然而，当技术领先的幅度过大时，企业可能会面临诸多问题。一方面，过于超前的技术可能会面临市场接受度低的问题，因为消费者需要时间来适应新技术；另一方面，配套的基础设施、产业链上下游以及相关政策法规可能尚未完善，这会极大地限制技术的商业推广。华为在3G领域的遭遇便是"领先三步是先烈"的写照，虽然在WCDMA技术上领先，但由于市场环境尚未成熟，企业陷入困境。这就要求企业在技术创新过程中，必须充分考虑商业环境的承载能力和市场需求的发展趋势，寻求技术与商业之间的动态平衡。

信息通信技术（Information and Communication Technology，ICT）产业本身就是技术密度很高的产业，华为经过螺旋式的上升期后，再次认识到技术带来的价值，从而建立2012实验室，作为华为的"诺亚方舟"。华为对2012实验室的要求是研究面向未来10年的新技术，一些新技术将来会走向商用，而一些新技术可能在验证过后就会消亡。在这个研究过程中，华为提出四次捕获理论——理论突破、技术发明、技术原型、技术就绪，只有经过这四个阶段的技术，最终才有可能被华为商用。

（1）理论突破：技术创新的思想源泉

理论突破是四次捕获理论的基石。华为的技术研发体系高度重视基础理论研究，鼓励科研人员勇于挑战传统思维，探索未知的科技领域。华为在全球范围内招募顶尖的科学家和研究人员，汇聚各方智慧，致力于在通信技术、AI、芯片设计等关键领域实现理论层面的创新。例如，在5G的研发过程中，华为的研究团队深入研究了新型编码理论、多天线技术理论等，这些理论的突破为5G的后续发展奠定了坚实的基础。通过对基础理论的深入挖掘，华为能够在技术创新的源头占据优势，为后续的技术发明提供源源不断的思想动力，确保其技术研发始终处于行业前沿。

（2）技术发明：将理论转化为创新成果

在取得理论突破后，技术会不断催生新商业，但技术是否会真正得到商用，还是个未知数。这一阶段需要强大的研发实力和创新精神。华为投入大量资源打造先进的研发实验室和研发团队，洞察技术趋势，识别商业机会，探索发明新技术。这一阶段技术的不确定性大，在实验室环境验证的组件、集成组件。华为在芯片技术领域，基于对半导体物理等相关理论的研究，发明了一系列高性能的芯片设计技术和制造工艺，如麒麟芯片的独特架构设计，在性能、功耗等方面实现了重大突破，被应用在智能手机产品上。这些技术发明不仅提升了华为产品的核心竞争力，还让华为在全球通信市场赢得了广泛赞誉，成为华为技术创新的重要标志。华为组建技术研发团队，以识别哪些新技术可以被迅速转化为实际的技术发明，这被称为二次捕获。

（3）技术原型：验证与优化创新成果

技术原型的构建是四次捕获理论中的关键环节，用于验证技术在商业方面的可成长性。华为在完成技术发明后，会立即着手制作技术原型，通过实际的模型或系统来验证技术发明的可行性和有效性。在这个过程中，华为注重对技术原型的反复测试和优化，不断改进技术方案，确保其能够满足未来应用的需求。技术研发团队要识别商业价值，提前进行"战略卡位"，掌控核心技术；或者，此时技术方向明确，通过原型机、工程样机等进行关键技术突破、储备，在实验室环境下进行验证。

（4）技术就绪：迈向商业应用的最后冲刺

当技术原型经过充分验证和优化后，便进入技术就绪阶段。此时，技术已经具备了大规模商业应用的条件，华为会将其整合到产品和解决方案中，推向市场。在这一阶段，华为需要协调研发、生产、市场、销售等多个部门的工作，确保技术能够顺利实现商业化。技术的竞争力真正通过产品商用体现出来，其标志就是在运行环境经过验证的技术，技术改进并应用。

华为提出的四次捕获理论成为化解新技术与商业应用之间矛盾的关键。

3.3　商业投资管理

企业研究最新或前沿技术的目的是追求商业成功，所以商业投资管理是重中之重。华为的商业投资管理和产品投资管理为什么会独立运作？由于市场侧人员更多代表客户利益，而产品侧人员更多代表华为利益，而且商业视角与产品视角的侧重点不完全相同。用前端倒逼后端进步，是华为商业成功的法则。

3.3.1　什么是商业投资管理

商业投资管理是一套全面且系统的商业管理流程与策略体系，商业投资管理由 IPMT、PMT 主导完成，负责市场趋势、客户需求、竞争策略盈利策略以及客户投资行为变化等方面的商业研究。商业投资管理旨在对企业的各类投资活动进行规划、决策、执行与监控，以确保投资行为能够与企业的战略目标相契合，并在企业可承受的风险范围内实现投资回报的最大化，最终还是为了有效提升业务竞争力。业务目标往往被多个产品承载，如果想让每个产品都成为旗舰产品，就需要覆盖产品战略制定、产品路标规划、产品立项的商业投资管理过程（见图 3-4）。这一过程使得产品能够准确应对市场和需求变化，让商业投资管理的价值最大化。

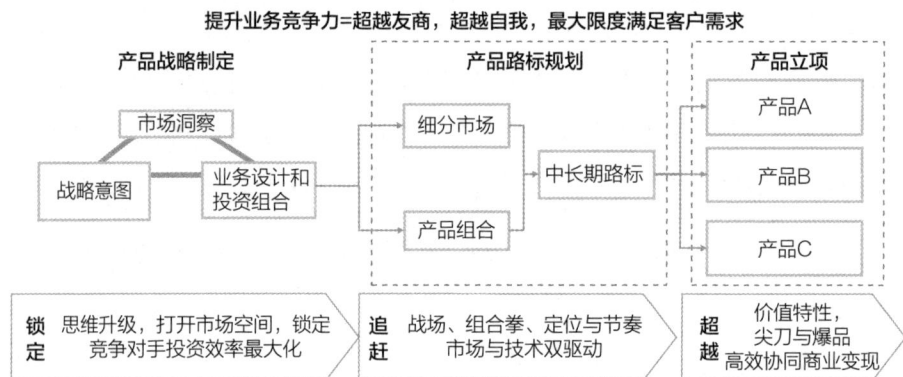

图 3-4　商业投资管理过程

华为作为全球通信技术领域的标杆企业，其商业投资管理堪称典范。华为深知在技术研发上的投资是企业长远发展的基石，每年将大量资金投入 5G、芯片、AI 等新兴商业场景的研究中。在商业投资管理过程中，华为建立了完善的商业投资管理机制。在商业机会出现的时候，华为的 MKT 团队面向 5G 和智能驱动客户商业场景，识别和挖掘客户需求，基于对市场趋势、技术发展方向以及自身战略定位的精准把握，确定具有潜力的商业应用和产品研发项目。

例如在 5G 的研发初期，尽管面临诸多不确定性，但华为通过深入的市场调研与技术趋势分析，由前端驱动后端完成三步走（产品战略制定、产品路标规划、产品立项），从商业投资管理阶段转入产品投资管理阶段。

产品战略制定阶段是由外而内的过程，需要进行战略优势的识别，从而构筑战略控制点。在 5G 商用领域，华为为什么能独占鳌头？因为在 5G 标准方面，华为在产品和技术侧提前布局，让自身能够抢先于其他设备供应商，占领标准制定的制高点。产品战略要能够打开市场空间，锁定竞争对手，用自身的优势去打竞争对手的劣势，实现投资效率最大化。在 ITMT、IPMT 双方配合下，华为 5G 商用获得前所未有的成功。

5G 有多个应用场景：5G 终端、5G 的无线接入和固定接入网、5G 核心网、5G 传输网、5G 应用系统等。在产品路标规划阶段，华为能够实现全产业链条的产品路标规划。路标体现的是客户需求，以及客户需求向产品需求的转化。不同 5G 产品之间的关键特性必须对齐，否则终端客户无法获得大带宽、低时延、多连接的使用体验。实现市场与技术双驱动，路标只是载体，负责路标规划的 PMT 才是智囊团。

在产品立项阶段，要在客户层面完成早期关键商业场景、关键商业价值的验证，完成产品或竞争力的初步验证，为 PDT 和 SPDT 明确重点开发需求，精准识别高价值客户，从而使得投入产出比大幅提高。但华为在发展初期没有产品立项阶段，结果发现不少项目看起来效果很好，但经过几个月或者长达一两年的产品开发后，产品在市场中的应用效果很不理想，需要再次投入财力和人力修改产品，这让华为付出的代价很高。

3.3.2　企业如何基于产业链从小变大

产业链是产业经济学中的一个概念，它是指各个产业部门之间基于一定的技术经济关系，并依据特定的逻辑关系和时空布局关系形成的链条式关联形态。产业链从原材料的采集与供应开始，历经产品的设计、生产、加工、销售，直至产品最终到达消费者手中，并且还包括在这一过程中所涉及的物流、信息流、资金流等辅助环节，这些环节相互交织、协同作用。例如在汽车产业链中，上游是铁矿石、橡胶等原材料的开采与供应企业，然后中游是汽车零部件制造企业，如发动机、变速器、轮胎等制造企业，接着下游是汽车整车设计与组装企业，再通过销售渠道将汽车卖给消费者，而在整个过程中，物流企业负责运输原材料、零部件和成品汽车，金融机构提供资金支持，信息平台则传递着市场需求、生产进度等各类信息。每个企业都需要在产业链中找准自己的定位，再去实现从小到大的裂变。

美团这家公司就在本地生活服务产业链中实现了从小变大。美团最初聚焦于外卖业务这一产业链环节，通过搭建连接消费者与商家的外卖平台，解决了双方信息不对称与配送服务难题。美团在外卖业务上不断优化配送算法与服务质量，吸引了海量的消费者与商家。随着业务规模的扩大，美团沿着本地生活服务产业链横向拓展，将业务范围延伸至酒店预订、旅游出行、到店餐饮、生鲜零售等多个领域。例如，在酒店预订业务中，美团凭借其在外卖业务积累的庞大流量与强大的地推团队，迅速打开市场，成为酒店预订行业的重要参与者。通过整合本地生活服务产业链中的多个细分领域，美团构建了一个综合性的本地生活服务平台，实现了业务多元化与规模效应。

企业若要基于产业链从小变大，关键在于精准发现产业链中的新机会点，并通过有效的战略布局与资源整合，实现沿着产业链的纵向延伸与横向拓展。无论是小米在智慧家庭产品领域的多元化生态构建，还是美团在本地生活服务领域的全场景覆盖，都充分展示了企业在产业链中挖掘商业机会、实现裂变增长的成功路径。这些企业的实践经验为其他企业提供了宝贵的借鉴，启示它们在自身所处的产业链中积极探索、勇于创新，从而踏上从小规模起步逐步成长为卓越企业的辉煌征程。

3.3.3　商业机会管理决定胜负

在当今竞争激烈且多变的商业环境中，市场管理的本质即为商业机会管理。企业能否精准地识别、把握并有效利用商业机会，直接决定了其在市场中生存与发展空间的大小。华为作为全球领先的通信技术与解决方案提供商，其卓越的市场管理体系在企业的持续成长过程中发挥了极为关键的作用。华为的市场管理涵盖了多个相互关联且协同运作的关键模块，其中 PMT 和 IPMT 在决策与管理流程中占据着核心地位。同时，华为在客户分析和需求管理方面也形成了一套独具特色且行之有效的方法与策略。

PMT 在华为的市场管理中扮演着重要角色。PMT 的主要职责是从商业视角来负责产品的全生命周期管理，从产品规划的起始阶段开始，深入开展市场调研与分析，以精准洞察市场趋势、客户需求以及竞争态势。例如，在通信设备领域，PMT 会密切关注全球不同地区、不同行业客户在网络速度、稳定性、安全性以及成本效益等方面的需求变化。基于这些深入的市场洞察，PMT 会制定详细的产品发展战略和业务计划，明确产品的定位、功能特性、目标客户群体以及市场推广策略等关键要素。在产品开发过程中，PMT 持续跟进项目进展，协调各部门之间的工作，确保产品按时、按质、按量交付，并能够满足市场需求。同时，PMT 还负责对产品的市场表现进行跟踪评估，根据市场反馈及时调整产品策略，以保持产品在市场中的竞争力。

华为的决策管理机制与客户分析和需求管理策略在企业内部形成了一个有机的整体，产生了强大的协同效应。PMT 在客户分析和需求管理的基础上制定产品规划和业务计划，为 IPMT 的决策提供详细的数据和专业的建议；IPMT 则从战略高度对产品投资和资源调配进行决策，确保公司的产品战略与市场需求和公司整体战略相匹配；而客户分析和需求管理贯穿于整个产品生命周期，为 PMT 和 IPMT 的运作提供了持续的动力和方向。这种协同运作的市场管理体系使得华为能够在复杂多变的市场环境中迅速响应市场变化，精准把握商业机会，及时推出符合市场需求的产品和解决方案，从而在全球通信市场中建立了强大的竞争优势。

3.4 日进 20 英里

商业成功离不开企业动力系统优势的发展，企业飞轮是企业动力系统，需要不断加入"燃料"才能让企业飞轮快速旋转。这一企业运营的核心动力机制，象征着企业各个关键业务环节相互关联、协同作用所形成的良性循环，飞轮本身就是对企业而言的，是高于业务而存在的。企业飞轮并非一朝一夕能够建成，而是需要企业家具备高瞻远瞩的战略眼光和坚定不移的信念，精心整合企业的资源、流程、人才与文化等要素，持续不断建设和优化。

在商业的漫漫征途中，吉姆的理念犹如一盏明灯，为企业家照亮前行的道路。他鼓励企业家在精心构建飞轮之后，要秉持"日进 20 英里"的精神，持之以恒地推动飞轮旋转，因为唯有如此，方能收获营销网络流量的强大支持效果，进而实现企业的长远发展与辉煌成就。

3.4.1 如何判断企业是否可增长

在企业成功构建飞轮后，吉姆提出了一系列判断企业是否可增长的标准与方法，为企业的持续发展提供了重要的指引。

首先，从飞轮的旋转流畅性来看，一个可增长的企业其飞轮各要素之间应具备高度的协同性与连贯性。就如同精密仪器中的齿轮相互精准咬合，企业的产品研发、生产制造、市场营销、客户服务等环节在飞轮的带动下能够无缝对接、高效运转。例如，一家优秀的科技企业，其产品研发部门推出的新产品能够迅速被生产制造部门高效量产，市场营销部门能精准定位目标客户群体并制定有效的推广策略，客户服务部门则能及时响应客户需求并反馈至其他部门以持续优化产品与服务。如果在飞轮运转过程中，经常出现某个环节的卡顿或脱节，如产品供应跟不上市场需求的增长节奏，或者客户反馈的问题得不到及时解决而导致客户流失，那么这可能预示着企业增长面临阻碍。吉姆会深入分析企业的业务流程与组织架构，评估各部门之间的信息传递、资源共享以及协作效率，以此判断飞轮运转的流畅程度是否足以支撑企业持续增长。

其次，企业的核心竞争力在构建飞轮后的变化也是关键判断因素。可增长的企业应能借助飞轮效应不断强化其核心竞争力，从而在市场中形成更为显著的差异化优势。比如一家以高品质手工定制产品闻名的企业，在飞轮的推动下，其精湛的手工技艺得以传承与创新，独特的设计理念不断融入产品，原材料采购渠道更加稳定且优质，品牌形象在客户心中进一步巩固。吉姆会考察企业核心竞争力的稳定性与扩展性，即企业是否能够在原有优势基础上不断拓展新的业务领域或产品系列，并且在拓展中能够保持核心竞争力的独特性与领先性。如果企业在飞轮转动过程中，核心竞争力逐渐被削弱，例如因追求规模化生产而牺牲了产品的手工定制特色，或者在技术创新上滞后于竞争对手导致产品同质化严重，那么企业的增长潜力将大打折扣。

再次，客户价值是否持续提升是判断企业是否可增长的重要依据。在飞轮的作用下，企业应能够不断为客户创造更多的价值，如产品功能的优化、价格的合理化、购买的便捷化、售后服务的完善。以一家电商企业为例，其通过持续优化其物流配送体系（飞轮要素之一），能够实现更快的商品送达速度，同时不断丰富商品种类、提供个性化的推荐服务以及便捷的退换货流程，从而提高客户的满意度与忠诚度。吉姆会关注企业在客户价值创造方面的投入与产出，如企业是否能够根据客户需求的变化及时调整战略与产品策略，是否在客户关系管理上投入足够资源以深入了解客户痛点并加以解决。如果企业在飞轮运转过程中，无法持续提升客户价值，甚至出现客户投诉增多、客户流失率上升等现象，那么企业的增长前景将不容乐观。

最后，企业对外部环境变化的适应性也是判断标准之一。在当今快速变化的商业世界中，技术革新、市场趋势转变、政策法规调整等外部因素对企业影响巨大。一个可增长的企业应能在构建飞轮的基础上，灵活调整自身的战略与运营模式以适应外部环境的变化。例如，当环保政策趋严时，一家传统制造企业能够迅速调整其生产工艺与产品设计，推出符合环保标准的绿色产品系列，并借助原有的市场渠道与品牌影响力成功开拓新的市场空间。吉姆会分析企业市场敏感度、战略调整速度以及重新配置资源的能力，以确定企业是否具备在复杂多变的外部环境中持续增长的能力。如果企业对外部环境变化反应迟钝，如在新技术出现后仍坚守旧生产方式与商业模式，那么企业很可能在竞争中逐渐被淘汰，增长也就无从谈起。

综上所述，吉姆通过对飞轮运转的流畅性、企业核心竞争力的变化、客户价值是否持续提升以及企业对外部环境变化的适应性等方面的综合考量与深入分析，来判断企业在构建飞轮后是否具备持续增长的潜力，从而为企业的战略决策与长期发展提供具有针对性的指导与建议。

3.4.2 裂变与"日进20英里"

飞轮的构建仅仅是一个开端，"日进20英里"才是确保飞轮持续转动并发挥效能的关键所在。"日进20英里"即无论外部环境是"阳光明媚"还是"狂风暴雨"，无论市场是繁荣还是萧条，企业家都要带领团队坚定地朝着既定目标前进，每天都为飞轮的转动注入稳定的动力。这种动力可能来自人才，也可能来自供应能力，还有可能来自企业数字化能力。

以华为为例，在通信技术领域，华为早早确立了构建全球领先通信技术飞轮的战略。在研发环节，华为坚持每年将大量的资金投入5G、芯片等核心技术的研发中，无数科研人员日夜奋战，不断攻克技术难题，从基础理论研究到技术原型开发，从实验室测试到实地网络部署，每一个步骤都稳扎稳打。在飞轮构建好后，华为在优势领域追求市场和客户裂变，利用"日进20英里"的核心方法构建卓越基因，不断为飞轮添加"燃料"，放大企业优势。这些"燃料"，如卓越的销售人才或者新技术、新工艺等，让华为在市场开拓方面具备独特的领先优势。在市场开拓方面，华为的团队不辞辛劳地奔走于全球各个角落，与各电信运营商深入沟通、合作，从偏远山区到繁华都市，逐步搭建起庞大的营销网络。尽管面临着诸多外部压力和挑战，但华为始终没有停下前进的脚步，坚持"日进20英里"，持续优化产品性能、提升服务质量、提高市场份额。正是这种持之以恒的努力，使得华为的通信技术飞轮越转越快，在全球通信市场赢得了广泛的认可和赞誉，其产品和服务覆盖了众多国家和地区，收获了海量的客户资源，营销网络流量也随之呈指数级增长，进一步推动了企业的飞速发展。

"日进 20 英里"的精神还体现在对细节和长期目标的不懈追求上。企业家不能被短期的利益所迷惑，也不能因一时的挫折而气馁。在推动飞轮转动的过程中，每一个决策、每一次行动都可能影响到整个企业的运营效率和发展轨迹。例如，一家专注于健康食品研发生产的企业，在构建了以优质原料、科学配方、严格生产工艺和良好品牌形象为核心的飞轮后，需要在日常运营中严格把控每一批原料的采购质量，精心研发每一款新产品的配方，监督每一道生产工序的执行，耐心培育市场和消费者对品牌的认知与信任。这一系列看似平凡琐碎的工作，却如同涓涓细流，汇聚成推动飞轮持续转动的强大力量。即使在短期内看不到明显的市场回报，企业也要坚守品质底线，持续投入资源进行品牌建设和市场推广。随着时间的推移，当飞轮的转动形成惯性，品牌知名度逐渐提升，消费者口碑不断传播，营销网络流量便会如潮水般涌来，企业也将在健康食品市场中占据一席之地，实现可持续发展。

第四章

量价齐升的裂变模式

4.1 模式创新即商业创新

在竞争日益激烈且多变的商业环境中，企业面临着前所未有的挑战与机遇。传统的价格战往往使企业陷入恶性竞争的泥潭，难以实现可持续发展。而"模式创新即商业创新"理念的提出，为企业开辟了一条崭新的道路。只有识别经营六要素（机会、增长、投入、回报、效率、风险），并围绕经营六要素进行定价与模式创新，企业才有望摆脱价格战，实现商业的真正创新与规模化盈利性突破。

4.1.1 经营六要素与模式创新

先介绍一下经营六要素：

（1）机会：精准洞察，挖掘创新契机

机会是商业创新的起点，企业需要具备敏锐的市场洞察力，精准识别潜在的或者新出现的商业机会。这意味着在定价与模式创新方面，企业要深入研究市场趋势、消费者需求变化以及竞争对手的动态。例如，随着数智时代的到来，消费者对个性化、便捷化产品与服务的需求日益增长。企业可以抓住这一机会，推出定制化服务并采用与之相匹配的定价策略。如某些服装品牌推出线上定制平台，消费者可根据自己的喜好选择面料、款式、配饰等，企业则根据定制的复杂程度和成本进行差异化定价。再例如，随着市场运营精细化，一些企业客户不再采用过去的大宗采购或单次采购模式，而是采用按需采购模式。基于机会洞察的定价与模式创新，不仅能满足消费者的个性化或者按需服务需求，还能为企业找到新的利润增长点，让企业避免在传统市场中与众多竞争对

手进行价格竞争。

（2）增长：多元驱动，超越价格局限

增长是企业永恒的追求，但企业不应仅仅依赖于低价策略来提高市场份额，还需要实现量价齐升的目标。在模式创新的框架下，企业应探索更有利于企业发展的增长路径。从定价角度，可以采用价值定价法，强调产品或服务的独特价值而非进行单纯的价格竞争。例如，一些高端护肤品品牌，通过多年的研发投入和品牌建设，塑造了高品质、高科技含量的品牌形象。其定价远高于普通护肤品品牌，但凭借卓越的功效和独特的客户体验，吸引了大量忠实消费者，实现了稳定的增长。同时，企业还可以通过拓展产品线、开拓新市场、建立战略合作伙伴关系等模式创新来驱动增长。例如，某互联网科技公司原本专注于线上办公软件的开发，在发现企业数字化转型过程中对一站式解决方案的需求后，通过整合多种企业服务功能，如人力资源管理、财务管理等，推出了综合性的企业数字化平台，并采用套餐式定价策略，根据不同企业规模和需求提供多样化的服务套餐，从而实现了业务的快速增长，摆脱了单一产品价格竞争的束缚。

（3）投入：合理规划，优化资源配置

在定价与模式创新过程中，投入的合理规划至关重要。企业需要明确在研发、生产、营销、人力等各个环节的投入，并确保这些投入能够与定价策略和商业模式相匹配。例如，采用高端定价策略的企业可能需要在研发和品牌建设方面加大投入，以提升产品的品质和品牌形象。如苹果公司每年在研发上投入巨额资金，致力于打造具有创新性和高品质的产品，其较高的产品定价带来溢价空间，因此也能够覆盖这些投入并获得可观的利润。而一些以性价比为核心竞争力的企业，则需要在成本控制和供应链管理方面进行精细规划，通过优化生产流程、与供应商建立长期合作关系等方式降低成本，从而在保证产品质量的前提下，实现较低的定价和市场份额的提高。通过合理规划投入，企业能够构建起与定价策略相适应的运营模式，提高资源利用效率，避免盲目投入或资源错配导致的成本过高或定价不合理问题。

（4）回报：平衡考量，构建盈利闭环

回报是企业经营的核心目标之一，定价与模式创新必须以获得合理的回报为导向。企业需要综合考虑短期和长期回报，平衡利润与市场份额之间的关系。在定价方面，可以采用动态定价策略，根据市场需求、成本变化以及产品生命周期的不同阶段灵活调整价格，以实现回报的最大化。例如，在旅游旺季，酒店和航空公司通常会提高价格以获取更高的利润；而在淡季，则会推出各种优惠活动吸引客源，提高入住率或客座率，虽然单价降低，但通过薄利多销实现了整体回报的提升。在模式创新方面，企业可以探索新的盈利模式，如共享经济模式下的共享单车企业，通过收取骑行费用、赚取广告收入以及与其他企业合作分成等多种方式实现盈利。这种多元化的盈利模式与灵活的定价策略相结合，构建了一个可持续的盈利闭环，使企业在满足消费者需求的同时，获得了稳定的经济回报，摆脱了单纯依靠产品销售差价获取利润的局限。

（5）效率：流程优化，提升运营效能

效率是企业在商业竞争中的关键优势之一，在定价与模式创新中也有着重要体现。企业应通过优化内部流程、借助信息技术等手段提高运营效率，从而降低成本并为定价提供更大的空间。例如，采用智能制造技术的企业可以实现生产过程的自动化、智能化，提高生产效率和产品质量，减少人工成本和缩短生产周期。在定价上，由于成本的降低，企业可以在保持利润水平的前提下，采用更具竞争力的定价策略，或者在相同价格下提供附加值更高的产品。在模式创新方面，一些电商平台通过建立高效的物流配送体系和大数据驱动的精准营销模式，提高了商品的流通效率和销售转化率。例如，极兔速递通过自建物流网络，实现了快速、准确的配送服务，提升了消费者的购物体验，同时也提高了运营效率。这种基于效率提升的定价与模式创新，使企业能够在市场竞争中脱颖而出，以高效的运营替代长期价格战等竞争方式。

（6）风险：全面评估，稳健创新

商业创新必然伴随着风险，在定价与模式创新过程中，企业必须全面评估各种风险，包括市场风险、技术风险、竞争风险、政策风险等。在定价方面，

企业需要考虑价格调整可能带来的市场反应，如价格过高可能导致消费者流失，价格过低可能影响利润和品牌形象。因此，在制定定价策略时，企业应进行充分的市场调研和风险预测，并制定相应的风险应对措施。例如，企业可以采用价格弹性测试等方法，评估消费者对价格变化的敏感度，为定价决策提供依据。

在模式创新方面，如企业尝试进入新的业务领域或采用新的商业模式，需要对技术可行性、市场接受度、竞争态势以及政策法规等方面进行深入分析。以物流公司为例，极兔速递从一开始就广泛和电商平台合作，从而使得极兔速递可以与老牌的物流公司相抗衡。例如，在印度尼西亚，很多物流公司周末不送快递，但极兔速递采用的服务模式是全年无休、全天候为客户提供服务，这样的新服务模式获得了很多本土客户的青睐。与此同时，极兔速递十分注重性价比。相比其他物流公司，在价格相近的情况下，极兔速递通过服务模式上的创新为自己扩大盈利空间。

通过深入理解和把握经营六要素——机会、增长、投入、回报、效率、风险，并围绕这些要素进行定价与模式创新，企业能够打破传统价格战的束缚，开辟出一条具有差异化竞争优势和可持续发展能力的商业创新之路。在这个不断变化的商业世界中，唯有持续创新，才能使企业在激烈的竞争中脱颖而出，实现长期的商业成功与价值创造。

4.1.2　怎么打造适合自身的商务模式

在当今竞争激烈的商业环境中，企业若要实现可持续发展并获取可观利润，打造适合自身的商务模式至关重要。一个核心的观点是：利润是售前规划出来的，企业必须善于向商务模式要利润。这就要求企业深入理解商务模式的关键要素、定价的要素，掌握不同产品类型（如软件和硬件）的定价模式等。

（1）商务模式的关键要素

①交易对象。

交易对象是商务模式的核心关注点之一。它明确了企业与谁进行商业往来，无论是直接面向终端消费者（B2C），还是与其他企业开展合作（B2B），抑或是涉及多个主体的复杂交易网络（如平台型企业连接供需双方）。例如，电商巨头亚马逊，其交易对象既包括海量的个人消费者，个人消费者在平台上购买各类商品；也有众多商家入驻平台，亚马逊为商家提供销售渠道并收取相关费用。不同的交易对象决定了企业在营销、销售、服务等环节的策略，进而影响利润获取方式。

②收入计量方式。

收入计量方式决定了企业如何计算从交易中获得的收益。常见的有按产品或服务的数量计价，如制造企业按销售的产品件数乘以单价计算收入；按使用时长计价，如一些软件即服务（Software as a Service，SaaS）企业，根据用户使用软件的时长（按月、按年）计算费用；按项目计价，如对于大型工程或咨询项目，一些企业根据项目的规模、复杂程度和预期成果确定收费金额；还有基于广告的收入计量方式，如广告商通过社交媒体平台的广告位展示广告，社交媒体平台依据广告的曝光量、点击量等指标收取费用。

③计量对象。

计量对象是与收入计量方式紧密相关的要素，它确定了以什么为依据进行收入计量。在实物商品交易中，计量对象往往是产品的数量、重量、体积等物理属性。例如，煤炭企业以销售的煤炭吨数为计量对象。而在服务或数字化产品领域，计量对象可能是服务的次数、用户数量、数据流量等。例如，在线视频平台以付费会员数量或视频播放的流量作为计量对象来确定收入。

④量纲。

量纲明确了计量对象的度量单位。在硬件产品销售中，量纲可能是长度（如米、厘米）、重量（千克、克）、功率（瓦特）等。以空调销售为例，其制冷量的量纲为瓦特，不同制冷量规格对应不同价格。在软件领域，量纲可能是用户账号数量、存储空间大小（如字节、兆字节）、功能模块数量等。例如，云存储服务提供商以用户购买的存储空间大小（如 50GB、100GB 等）为量纲进行收费。

（2）定价的要素与软件、硬件定价模式

①定价的要素。

定价通常涉及四个要素：成本、市场需求、竞争状况和企业战略目标。成本是定价的基础，企业必须确保价格能够覆盖生产、运营、营销等各项成本并实现盈利。市场需求反映了消费者对产品或服务愿意支付的价格水平，需求旺盛时企业可能有更大的定价空间。竞争状况决定了企业在市场中的价格定位，企业需考虑竞争对手的定价策略以保持竞争力。企业战略目标则影响定价方向，如企业想提高市场份额，可能采用渗透定价策略；想塑造品牌高端形象，则可能实施撇脂定价策略。

②软件定价模式。

软件产品由于其独特的成本结构和特性，定价模式与硬件有明显区别。软件的研发成本通常较高，但复制成本极低。例如，一款办公软件的开发可能耗费大量人力、物力和时间成本，但一旦开发完成，复制一份软件的边际成本几乎可以忽略不计。常见的软件定价。

> 基于功能价值定价。软件企业常常根据软件所提供的功能价值来定价。如专业的图形设计软件，包含高级图像编辑、特效制作等功能，其价格相对较高；而基础的办公软件，功能相对简单，价格则较为亲民。

> 按用户规模定价。许多软件采用按用户数量或账号数量定价的模式。例如，企业级软件对于小型企业，可能提供包含一定数量账号的套餐，价格相对较低；而对于大型企业，随着账号数量的增加，收费也相应增加。采用这种定价模式时，企业可以根据自身规模和需求灵活调整，实现利润最大化。

> 订阅式定价。这是一种常见的软件定价模式，在该模式下，用户可按使用时间（如月、季、年）订阅软件服务。这种模式有助于软件企业获得稳定的现金流，同时也便于用户根据自身需求灵活选择使用期限。例

如，Adobe 公司的软件产品采用订阅式定价，用户可以按月或按年订阅 Photoshop、Illustrator 等软件，Adobe 公司根据订阅时长和套餐内容收取费用。

③硬件定价模式。

硬件产品的常规定价模式包括成本加成定价和基于市场定位定价。

➤ 成本加成定价。硬件制造商首先计算产品的生产成本，包括原材料、零部件、生产加工、组装等直接成本，以及研发、管理、营销等间接成本，然后在此基础上按一定的利润率确定价格。例如，手机制造商在核算手机的芯片、屏幕、电池等零部件成本以及研发设计、生产制造、广告宣传等费用后，根据期望的利润率制定手机的销售价格。

➤ 基于市场定位定价。硬件产品的价格受市场定位的影响很大。高端硬件品牌，通过打造高品质、高性能、具有独特设计和用户体验的产品，定位于高端市场，价格相对较高，以获取较高的利润。而一些中低端硬件品牌则以性价比为竞争优势，在保证基本性能的前提下，通过降低价格来吸引价格敏感型用户，占据中低端市场份额。例如，小米发展的初期在智能手机市场以较高的硬件配置和亲民的价格迅速吸引用户，通过大规模销售和精细化运营实现盈利。

（3）打造适合自身商务模式的策略

①深入市场调研。

企业在打造商务模式之前，必须深入了解市场需求、竞争态势、消费者行为习惯等。通过市场调研，确定目标交易对象，分析他们的需求特点、购买能力和偏好，为商务模式的设计提供依据。例如，一家新兴的智能家居企业，通过调研发现年轻消费者对便捷、智能化的家居产品有较高需求，且更倾向于线上购买和一站式服务，于是该企业将交易对象定位为年轻消费群体，设计了线上平台销售多种智能家居产品并提供安装、售后一体化服务的商务模式，并根据调研结果确定了产品套餐和增值服务收费的收入计量方式。

②优化成本结构。

无论是对于软件企业，还是对于硬件企业，优化成本结构都是提高利润的关键。对于软件企业，要合理控制研发成本，提高研发效率，同时优化运营和营销成本。例如，采用敏捷开发方法缩短软件开发周期，降低开发成本；利用数字化营销手段提升营销效果并降低营销费用。对于硬件企业，要通过供应链管理降低原材料采购成本，提高生产效率，降低制造成本。如汽车制造商通过与零部件供应商建立长期合作关系，争取更优惠的采购价格，并采用自动化生产技术提高生产效率，从而在控制成本的基础上制定更具竞争力的价格。

③创新定价策略。

企业应结合自身产品特点和市场定位，创新定价策略。软件企业可以探索混合定价模式，如将基于功能价值定价与订阅式定价相结合，为用户提供更多选择。例如，一款视频会议软件，提供包含基础功能的免费版本吸引用户，对于需要高级功能的用户则提供付费订阅服务，同时根据用户的不同需求提供定制化的功能套餐。硬件企业可以采用动态定价策略，根据市场需求变化、产品生命周期等因素调整价格。如电子产品企业在新品上市初期采用较高价格，随着市场竞争加剧和产品进入成熟期，逐步降低价格，以吸引不同需求的用户，提高产品的总体销售量和利润。

④持续评估与调整。

商业环境是不断变化的，企业的商务模式和定价策略也需要持续评估和调整。企业应定期评估商务模式各关键要素的运行效果，如交易对象的满意度、收入计量方式的准确性、计量对象和量纲的合理性等，以及定价策略对利润的影响。根据评估结果，及时调整商务模式和定价策略，以适应市场变化和企业发展需求。例如，一家电商企业发现随着移动互联网的发展，越来越多的用户通过手机端购物，于是调整商务模式，优化手机端购物体验，增加手机端专属的促销活动和收入计量方式，如手机端专享优惠券、按手机端流量付费的广告等，同时根据市场竞争情况调整商品定价，提高了企业在移动电商时代的竞争力和盈利能力。

综上所述，企业需要全面考量商务模式的各个关键要素，深入理解不同业务定价模式，依据定价的要素制定合理的定价策略，并通过深入市场调研、优化成本结构、创新定价策略和持续评估与调整等一系列策略，精心构建并不断完善适合自身的商务模式，从而实现向商务模式要利润的目标。

4.2 规模化的量飞跃

在智能手机这片硝烟弥漫的战场上，华为手机以其独特的战略和卓越的性能，实现了令人瞩目的崛起，成为行业内不可忽视的强大力量。华为手机 2019 年全球销量达 2.385 亿部，较 2018 年的 2.053 亿部增长了 16%，而苹果手机 2019 年全球销量为 1.962 亿部，较 2018 年下降 5%，华为手机销量超越苹果手机，位列全球第二，仅次于三星手机。"上市即上量"这一关键能力让华为在商业竞争中脱颖而出，成功逆袭为头部手机品牌。接下来的内容围绕规模化的量飞跃展开。

4.2.1 有产品但无销量的诊断

根据研究，同样一家电子消费品企业，产品进入渠道的时间成为销量的关键影响因素。从图 4-1 左图与右图对比情况来看，可以及时进入渠道的产品的总销量是不能及时进入渠道的产品的三倍。

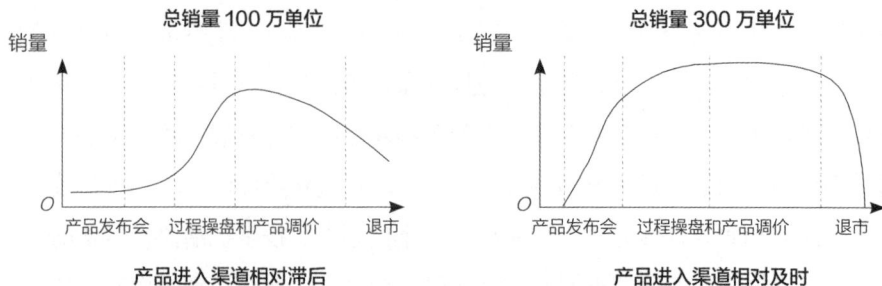

图 4-1 上市不能上量与上市即上量的对比

当产品进入渠道相对滞后时，销售环节往往陷入困境，难以实现放量增长。产品未能在预定时间内抵达销售终端，消费者无法及时接触并购买产品，这直接导致了市场需求得不到有效满足，销售业绩自然难以达到预期水平。例如，一款原本计划在旺季推出的时尚电子产品，因渠道铺货延迟，错过了消费者购买热情高涨的时期，即便产品具备出色的功能与设计，在市场上的反响也较为平淡，销售量长期处于低迷状态。这种滞后不仅会影响单品的销售成果，还可能引发连锁反应，对企业的品牌形象和市场口碑造成损害，使得后续产品的推广难度增大。

更为严重的是，产品进入渠道相对滞后极易引发产销不协同的问题。生产部门依据既定计划进行生产，然而产品在渠道环节的延误，导致库存积压在生产端或物流途中，占用了大量的资金与仓储资源；而销售部门因无货可卖面临客户流失的风险，同时又承受着来自市场的压力。这种生产与销售的脱节使得企业内部运营效率大打折扣，资源配置失衡，成本增加，利润空间被压缩。

当产品进入渠道相对及时时，产品销量将呈现出显著的放大趋势。当产品能够按照预定计划迅速进入各类销售渠道（如电商平台、实体店铺等）时，消费者能够在第一时间获取产品信息并进行购买。以一款热门的美妆产品为例，企业在产品发布后迅速将产品铺满各大美妆专柜及线上销售平台，借助广告宣传与口碑传播，点燃消费者的购买欲望，产品销量呈爆发式增长。随着销量的攀升，生产部门能够根据市场反馈及时调整生产计划，增加产量以满足不断增长的市场需求，形成了生产与销售之间的良性互动。

在商业运营中，规模化的量飞跃始终是企业追求卓越发展的核心目标之一。接下来深入探讨 2B 和 2C 销售在实现量飞跃过程中的独特路径与关键要素，并详细剖析华为手机终端在这方面的卓越管理实践。

（1）2B 销售的量飞跃：客户关系占据核心地位

在 2B 销售领域，客户关系构建以及客户关系发展速度与质量无疑是实现量飞跃的关键基石。与 2C 销售面向广大个体消费者不同，2B 销售主要面向企业客户，其决策过程更为复杂、周期更长且涉及众多利益相关者。因此，构建深厚、稳固且具有战略性的客户关系网络显得尤为重要。

首先，在客户关系构建初期，深入了解客户的业务需求、痛点以及长期战略目标是基础。这需要销售团队投入大量时间与精力进行市场调研与客户沟通，不仅包括推销产品或服务，更包括成为客户的战略合作伙伴，为其提供定制化的解决方案。例如，在企业通信解决方案销售中，销售团队需要精准把握不同行业企业的通信需求差异，如金融业对数据安全与实时性的要求极高，制造业对生产流程中通信稳定性与覆盖范围有特殊需求等。通过提供贴合客户实际需求的解决方案，企业逐步赢得客户的信任与认可。

随着客户关系的发展，速度与质量的把控成为关键。快速响应客户需求、高效解决客户问题能够显著提升客户满意度与忠诚度。在面对客户的紧急需求或突发状况时，销售团队能否迅速协调内部资源，调动技术支持、研发、售后等多部门力量，及时给出解决方案，直接影响到客户关系能否进一步深化。同时，注重客户关系的质量意味着持续为客户创造价值，不局限于产品或服务本身的交付，还包括提供后续的技术升级、培训、行业动态分享等增值服务。这种全方位、深层次的客户关系构建与发展模式，为2B销售实现量飞跃奠定了坚实基础。企业可通过口碑传播与长期合作协议的签订，逐步提高市场份额，实现业务规模的稳步扩张。

（2）2C销售的量飞跃：七大关键要素协同驱动

对2C销售而言，其实现量飞跃是七大关键要素协同驱动的结果，七大关键要素包括市场洞察、产品策略、价格策略、营销策略、零售策略、交付策略以及统筹操盘。

①市场洞察：精准把握消费脉搏。

深入的市场洞察是2C销售成功的基础。在当今信息爆炸、消费者需求瞬息万变的时代，企业必须借助大数据分析、市场调研、消费者行为研究等多种手段，精准把握市场趋势、消费者偏好变化以及潜在需求。以智能手机市场为例，随着消费者对手机摄影功能的日益重视，企业若能提前洞察这一趋势，加大在手机摄像头技术研发、图像处理算法优化等方面的投入，并将其作为产品的核心卖点之一进行宣传推广，就能在激烈的市场竞争中抢占先机，吸引更多消费者购买。

②产品策略：打造差异化竞争力。

产品是 2C 销售的核心载体，制定科学合理的产品策略是实现量飞跃的关键。产品策略包括产品定位、功能设计、品质把控以及产品线规划等多个维度。产品定位需明确目标消费群体及其核心需求，如针对年轻时尚群体的手机产品，在外观设计上追求潮流、个性化；在功能设计方面，不断创新与优化，如折叠屏手机的推出，满足了消费者对便携与大屏体验的双重需求；同时，通过严格的品质把控确保产品质量可靠，减少售后问题，提升消费者口碑；合理的产品线规划则能够覆盖不同消费层次与需求偏好的群体，如从高端旗舰产品到中低端高性价比产品，形成完整的产品矩阵，扩大市场覆盖面。

③价格策略：平衡价值与市场接受度。

价格策略直接影响消费者的购买决策与产品的市场竞争力。企业需要在产品价值与市场接受度之间寻求平衡。对于具有创新性、高端配置的产品，可以采取差异化定价策略，通过较高的价格定位彰显产品的独特价值与品质，吸引追求极致体验且对价格相对不敏感的消费者群体；而对于面向大众市场的产品，则需在保证产品质量与基本功能的前提下，制定具有竞争力的价格，以性价比优势吸引更多消费者。例如，在手机市场中，一些品牌通过推出不同配置与价位的系列产品，满足不同消费者的需求，同时在促销活动期间灵活调整价格，激发消费者购买欲望，实现销量的快速增长。

④营销策略：全方位触达与刺激消费。

营销策略旨在通过各种渠道与手段，将产品信息广泛传播给目标消费群体，并激发其购买兴趣。在数智时代，线上线下融合的营销模式成为主流。在线上利用社交媒体平台广告、电商平台广告、内容营销、"网红"合作等多种方式，提高品牌知名度与产品热度。例如，通过直播"带货"，直观展示产品功能与使用效果，实时解答消费者疑问，有效促进产品销售；在线下则注重实体店铺的布局与体验式营销，如打造品牌专卖店、体验店，通过精致的店面装修、产品陈列以及专业的销售服务，为消费者提供优质的产品体验，增强其购买意愿。同时，举办新品发布会、参加行业展会等活动也是提升品牌影响力与产品曝光度的重要举措。

⑤零售策略：优化终端购物体验。

零售策略聚焦于销售终端，致力于为消费者提供便捷、高效、优质的购物体验。零售策略包括零售渠道拓展、店铺选址与布局、店员培训等方面。在零售渠道拓展上，除了传统的实体店铺，可以积极开拓电商平台渠道、运营商合作渠道等多元化渠道，增加产品销售触点。店铺选址需考虑人流量、消费群体分布等因素，确保店铺位置具有较高的商业价值；合理的店铺布局能够吸引消费者注意力，引导其购买。店员培训则是提升销售转化率的关键，通过培训，店员可以熟悉产品知识、销售技巧、客户服务规范等，能够为消费者提供专业的购买建议与优质的服务，提高消费者的购物满意度与忠诚度。

⑥交付策略：确保高效准时交付。

交付策略关乎消费者购买后的体验与满意度。在2C销售中，消费者期望能够在最短时间内收到所购买的产品，且产品在运输过程中保持完好无损。因此，企业需要建立高效的物流配送体系，与优质的物流合作伙伴合作，优化仓储管理与配送流程，实现订单的快速处理与准确配送。同时，提供订单跟踪服务，让消费者随时了解产品运输状态，增强消费者的安全感与信任感。例如，一些电商平台通过建立本地仓储中心、与多家快递公司合作提供极速达服务，有效提升了消费者的购物体验，促进了产品销量的增长。

⑦统筹操盘：全局把控与精准运营。

统筹操盘是对2C销售的全局把控与精准运营。它要求企业具备较强的市场洞察力与数据分析能力，能够根据市场动态、销售数据反馈及时调整产品策略、价格策略、营销策略等。在产品上市前，进行充分的市场预热，收集消费者反馈信息，为产品正式上市后的运营策略调整提供依据；上市过程中，密切关注销售数据变化、市场竞争态势、消费者口碑策略等，及时调整广告投放力度、促销活动方案、库存管理策略等；在产品生命周期后期，合理进行退市管理，通过清仓促销等方式最大化产品剩余价值，同时为下一款产品的推出做好铺垫。

（3）华为手机终端管理实践：多维度卓越运营

①跨部门协作：构建共同语言与思想体系。

华为手机终端的成功离不开高效的跨部门协作。在产品研发、生产、销售、售后等各个环节，涉及众多部门与专业领域的协同合作。为了实现无缝对接与高效沟通，华为致力于构建跨部门的共同语言与思想体系。通过定期的跨部门培训、项目合作以及知识共享平台的搭建，不同部门的员工能够深入了解彼此的工作流程、业务需求与技术难点。例如，研发部门能够了解市场部门反馈的消费者需求与竞争产品动态，从而在产品研发过程中有针对性地进行技术创新与功能优化；销售部门能够理解产品的技术优势与研发难点，更好地向客户进行产品宣传与推广；售后部门则可以将客户在使用产品的过程中遇到的问题及时反馈给研发部门与生产部门，促进产品质量的持续提升。这种跨部门协作模式打破了部门壁垒，形成了以客户需求为导向、以产品质量与市场竞争力为核心的统一思想与行动纲领，为华为手机终端规模化的量飞跃提供了组织保障。

②操盘能力：全流程精细化运营。

华为手机终端在操盘能力方面展现出卓越的水准，涵盖洞察分析、产品落地、操盘策略制定、上市运营以及退市管理等全流程精细化运营环节。

在洞察分析阶段，华为投入大量资源进行市场研究与消费者洞察，借助全球范围内的市场调研机构、大数据分析平台以及自身庞大的用户数据资源，精准把握全球智能手机市场的发展趋势、不同地区消费者的需求差异以及竞争对手的动态变化。

在产品落地阶段，华为根据洞察分析结果，制订科学合理的产品落地计划，从产品定位、功能设计、外观工艺到目标市场与销售渠道规划，确保每一款手机产品都能够精准满足目标消费群体的需求，并具备强大的市场竞争力。

在操盘策略制定阶段，华为综合考虑产品特点、市场环境、竞争态势以及自身资源优势等多方面因素，制定差异化的营销策略、价格策略与渠道策略。例如，在华为 P 系列手机的操盘过程中，在营销策略上，华为针对其强大摄影功能的定位，与知名摄影师、摄影机构合作开展摄影大赛、摄影教程分享等营销活动，提升产品在摄影爱好者群体中的知名度与美誉度；在价格策略上，根据不同配置版本与市场定位，合理定价，同时在促销活动期间灵活调整价格，激发消费者购买欲望；在渠道策略上，加强与全球各大运营商、电商平台以及专卖店的合作，拓宽销售渠道，提高产品铺货率与市场覆盖率。

在上市运营阶段，华为通过大规模的新品发布会、线上线下同步宣传推广以及丰富多样的促销活动，迅速掀起产品销售热潮。在新品发布会环节，华为精心策划，邀请全球媒体、行业专家、合作伙伴以及消费者代表参加，通过产品展示、技术讲解、现场体验等多种形式，全方位展示产品的优势与特色，形成强大的媒体传播效应，提高市场关注度。同时，线上线下联动，线上利用社交媒体平台、电商平台进行广告投放、开展预售活动等，线下在各大城市的核心商圈、专卖店开展体验式营销活动，吸引消费者到店体验与购买。在产品销售过程中，华为根据市场反馈与销售数据，及时调整广告投放力度、促销活动方案以及库存管理策略，确保产品销售的持续火爆。

退市管理也是华为手机终端操盘能力的重要体现。在产品生命周期末期，华为并非简单地停止生产与销售，而是通过一系列精细化的退市管理策略，最大化产品剩余价值。例如，推出清仓促销活动，以优惠价格吸引价格敏感型消费者购买；对部分库存产品进行功能升级或配件更换，以二手产品或翻新产品的形式重新推向市场；同时，通过与运营商、零售商的合作，合理调配库存，减少产品积压带来的损失。

③保障机制：一套团队运作机制保驾护航。

华为手机终端建立了一套完善的团队运作机制，为规模化的量飞跃提供了保障。这套机制涵盖项目管理、资源分配、绩效考核等多个方面。在项目管理方面，采用矩阵式项目管理模式，以产品项目为核心，整合研发、生产、销售、售后等各部门资源，组建跨部门项目团队，明确各成员的职责与权限，确保项目的顺利推进。项目团队通过制定详细的项目计划、建立里程碑节点及严格的项目监控与评估机制，及时发现并解决项目推进过程中出现的问题，保证产品按时、按质、按量推向市场。

在资源分配方面，根据项目的重要性、市场潜力以及战略规划，合理分配人力、物力、财力等资源。优先满足重点产品、新兴市场以及关键技术研发项目的资源需求，确保资源投入的有效性与回报率。同时，建立灵活的资源调配机制，根据市场变化与项目进展情况，及时调整资源分配方案，提高资源利用效率。

绩效考核机制是激励团队成员积极工作、追求卓越的重要手段。华为建立了以业绩为导向、兼顾团队协作与创新的绩效考核体系。华为对在产品研发、市场拓展、销售业绩提升等方面做出突出贡献的团队成员给予丰厚的物质奖励与晋升机会；同时，注重对团队协作精神与创新能力的考核评价，鼓励团队成员之间相互协作、勇于创新，共同攻克技术难题与应对市场挑战。通过这种完善的团队运作机制，华为手机终端打造了一支高效、协同、创新的团队，为实现规模化的量飞跃提供了强大的人力支撑与组织保障。

④运作流程：重量级团队运作流程引领高效协同。

华为手机终端的运作流程以重量级团队运作流程为特色，这种流程设计旨在解决传统职能部门之间的沟通障碍与协作低效问题，实现跨部门的高效协同。在重量级团队运作流程中，从产品概念提出到产品退市的整个生命周期，均由一个跨部门的重量级团队负责。这个团队的成员包括研发、市场、销售、售后、供应链等各个部门的核心人员，他们在团队中拥有充分的决策权与资源调配权，以便快速响应市场变化与客户需求。

在产品规划阶段，重量级团队成员共同参与市场调研与需求分析，制定产品规划与技术路线。研发部门根据市场需求与技术趋势提出产品技术方案，市场部门提供市场定位与营销策略建议，销售部门反馈客户需求与销售渠道信息，售后部门提出产品可维护性与服务便利性要求，供应链部门则从原材料供应、生产制造可行性等方面进行评估与规划。重量级团队运作流程通过各部门的充分沟通与协作，确保产品规划和技术路线的科学性与可行性。

在产品开发阶段，重量级团队成员紧密合作，共同推进产品研发进程。研发部门专注于技术创新与产品功能实现；市场部门与研发部门保持密切沟通，确保产品功能符合市场需求与营销定位；销售部门提前介入产品开发过程，为产品的销售推广做好准备；售后部门参与产品设计评审，提出产品售后维护与服务方面的改进建议；供应链部门则负责原材料采购、生产计划安排以及物流配送等环节的协调与管理。这种跨部门协同的开发模式大大缩短了产品开发周期，提高了产品质量与市场适应性。

在产品上市与运营阶段，重量级团队负责制定并执行上市运营计划与营销策略。市场部门主导广告宣传与推广活动策划；销售部门负责产品铺货与销售渠道拓展；售后部门保障产品售后服务质量与客户满意度；研发部门持续关注产品使用反馈，为产品升级换代提供技术支持；供应链部门根据销售数据及时调整生产与库存管理策略。通过重量级团队的高效运作，确保产品在上市后能够迅速打开市场，实现规模化销售，并在整个产品生命周期内保持良好的市场表现与客户口碑。

综上所述，无论是 2B 销售依赖的客户关系构建，还是 2C 销售涉及的多要素协同，都在企业实现规模化的量飞跃过程中发挥着不可或缺的作用。华为手机终端通过跨部门协作、卓越的操盘能力、完善的保障机制以及高效的运作流程，在 2C 销售领域取得了令人瞩目的成就，其管理实践为其他企业提供了极具价值的参考与借鉴。

4.2.2 量飞跃来自市场线索裂变

华为 Mate 系列手机如今已成为高端旗舰手机的标志性产品线，其销量成绩斐然。然而，Mate 系列手机在早期发展阶段，曾面临市场线索不够、需求不足的严峻挑战。在李小龙及其团队的不懈努力下，Mate 系列手机成功实现了市场突破，达成了令人瞩目的市场线索裂变，为销量大幅增长奠定了坚实基础。

在 Mate 系列手机诞生之初，智能手机市场已被诸多品牌瓜分，消费者的认知和购买习惯相对固定。Mate 系列手机作为华为进军高端大屏商务手机领域的尝试，遭到诸多质疑与冷遇。市场调研数据显示，当时消费者对大屏手机的接受度并不高，且对华为品牌在高端商务领域的认可度有待提升，这直接导致 Mate 系列手机的市场线索极为匮乏。例如，在初代 Mate 手机发布初期，线上线下的咨询量和预订量都远远低于预期，市场推广活动的参与度也十分低，能够转化为实际购买者的潜在客户寥寥无几。

面对这样的困境，李小龙带领团队展开了深入细致的高端商务人群市场分析，进一步识别这类人群的真实需求。他们意识到，要想实现市场突破，必须从根源上解决市场线索不足的问题，其关键就在于精准定位目标客户群体，挖掘目标客户群体深层次的需求与痛点。通过大量的客户调研与数据分析，李小龙及其团队发现高端商务人群虽然对手机的便携性有一定要求，但在办公、娱乐等多场景应用中，大屏手机能够带来更好的视觉体验和更高的操作效率。于是，Mate 系列手机开始聚焦于打造极致的大屏体验，不仅在屏幕尺寸上大胆创新，还在屏幕分辨率、色彩显示等方面进行技术攻关，确保能够满足高端商务人群对手机屏幕显示效果的严格要求。

为了将 Mate 系列手机的这些优势精准传递给目标客户群体，李小龙及其团队在营销传播策略上进行了大胆创新。他们摒弃了传统的大规模广告投放模式，而是采用了精准营销与口碑传播相结合的模式。首先，针对高端商务人群经常出没的场所，如机场、高铁站、写字楼等，开展了一系列有针对性的线下体验活动。在这些活动中，参与者可以亲身感受到 Mate 系列手机强大的功能，如指纹解锁、多任务处理、高清视频会议、文档编辑等功能，尤其是指纹解锁功能，其解决了高端商务人群的痛点，让他们对 Mate 系列手机产生了浓厚的兴趣。据不完全统计，在一场机场的体验活动中，原本预计吸引 100 名潜在客户参与，实际到场人数超过了 200 人，且有超过 60% 的参与者在体验后留下了联系方式，表示有进一步了解和购买的意向，这为后续的市场线索裂变提供了宝贵的原始资源。

同时，李小龙及其团队积极与行业内的知名企业、商务协会等建立合作关系，通过举办联合活动、产品推荐等方式，将 Mate 系列手机推广到更广泛的商务精英群体中。例如，与某知名金融企业合作，为其高管团队定制了一批 Mate 系列手机，并在该企业内部开展了产品培训与体验活动。这些高管在使用过程中对 Mate 系列手机的性能和品质赞不绝口，他们的认可和推荐迅速在金融行业内传播开来，引发了众多同行的关注和效仿。这种口碑传播的力量，就像一颗投入平静湖面的石子，激起了层层涟漪，使得 Mate 系列手机的市场线索开始呈几何级数增长。

此外，在产品功能迭代方面，李小龙及其团队始终保持着敏锐的市场洞察力和快速响应能力。他们根据用户反馈和市场需求变化，不断为 Mate 系列手机添加新的功能和特性。例如，随着移动支付的普及，迅速在 Mate 系列手机中集成了安全便捷的支付功能，并与各大银行和支付平台进行深度合作，优化支付体验。这一举措不仅满足了用户在日常生活中的支付需求，也进一步提升了 Mate 系列手机在高端商务领域的应用价值，吸引了更多用户的关注和购买。市场数据显示，在支付功能升级后的一个月内，Mate 系列手机的线上搜索量增长了 50%，线下门店的咨询量也大幅提升，新增市场线索超过了 30%。

在售后服务方面，李小龙及其团队也下足了功夫，建立了专门针对 Mate 系列手机高端用户的售后服务绿色通道，提供 24 小时响应、上门维修、数据备份与迁移等贴心服务。这种优质的售后服务不仅解决了用户的后顾之忧，也让用户感受到了华为品牌的关怀与尊重，进一步提升了用户的满意度和忠诚度。许多用户在享受到优质售后服务后，自发地向身边的朋友、同事推荐 Mate 系列手机，形成了新一轮的口碑传播和市场线索裂变。

通过以上市场线索裂变，华为 Mate 系列手机逐渐在市场上打开了局面，市场线索从最初的星星之火发展成燎原之势。从初代 Mate 手机的艰难起步，到如今每一代 Mate 手机发布都引发购买热潮，其市场销量实现了巨大的飞跃。这一历程充分证明，在市场线索匮乏的情况下，通过精准定位目标客户群体、创新营销传播策略、快速迭代产品功能以及提供优质售后服务等多维度的协同努力，能够成功实现市场突破，引发市场线索的裂变，最终实现销量的飞跃。

只有具备足够强的洞察力，企业才能识别和抓住市场线索，再通过销售项目的运作，实现市场线索的裂变。在辅导企业洞察工作的过程中，我深刻体会到其中的艰难险阻。多数企业在战略与商业洞察方面存在严重短板，既无专业人才储备，亦未设立专职组织承担此项重任。这导致企业的洞察工作往往流于形式，企业管理团队或高管仅凭个人直觉与过往经验草率确定业务方向，全然未进行深入的市场调研、行业趋势分析与竞争对手研究。

而组织系统的不完善与组织能力的欠缺，更让这一局面雪上加霜。在缺乏科学决策流程与数据支撑的情况下，企业的业务规划犹如空中楼阁。即便制定出看似完美的计划，在执行环节也会因组织内部沟通不畅、资源调配困难、员工能力不匹配等问题而举步维艰。销售团队面对这样不够精准甚至错误的业务方向，即便全力以赴，最终的执行效果也难以达到预期，业绩大打折扣成为常态。长此以往，企业不仅错失诸多发展机遇，还可能在错误的道路上越走越远，陷入经营困境。因此，企业应重视洞察力的培养，构建完善的组织系统、提升组织能力，以提升决策的科学性与执行的有效性，从而在激烈的市场竞争中站稳脚跟，谋求长远发展。

很多企业都在说满足客户需求，任正非在客户需求方面引用 16 字方针：去粗取精、去伪存真、由此及彼、由表及里。客户线索本身培育出来，客户需求经过去粗取精、去伪存真、由此及彼、由表及里的改造制作之后的精华，所以这套线索到需求的管理实践，是华为商业成功的核心之一。

通过 3 阶 9 步市场洞察法，企业能够获得可执行且具有深度的市场洞察结论，清晰呈现市场的现状与趋势、机会与风险，以及与之对应的应对策略和行动计划，为企业下一步行动决策提供数据支撑。3阶包括定义和启动、分析和执行、沟通和跟踪，这3阶涉及洞察项目的启动、执行与管理三要素。启动洞察项目，来自组织商业发展的诉求，管理者或业务主管应居安思危，具备未来战略意识，站在后天看明天，提出洞察方向或者问题。通过洞察项目的运作，采用由外而内的运作方式，真正做到"从客户中来，到客户中去"，洞察结论能够支撑产业战略方向的确定、产品竞争力的提升、客户需求的满足。

基于华为过往洞察实践，充分考量实业型企业的特质与现状，尤其是针对那些尚未设立专门的洞察组织的企业，我精心制定了一套切实可行的策略。

鉴于实业型企业在组织架构上的局限性，实业型企业可巧妙地整合销售部门与战略发展部门的核心力量。销售部门身处市场前沿，与客户保持着紧密且直接的互动交流，犹如敏锐的触角，能够精准地感知客户的即时需求、市场的微妙变化以及竞争态势的实时波动。而战略发展部门则高瞻远瞩，擅长从宏观视角剖析行业的发展趋向、企业的长远布局以及战略目标的精准定位。

将这两大部门的力量有机融合，并把战略发展所追寻的长远规划与影响销量提升的关键要素全面且深入地融入洞察工作。通过深入的市场调研、细致的客户数据分析以及对竞争对手的全方位审视，挖掘出客户潜藏的真实痛点。

在洞察流程方面，要杜绝只重视洞察过程而忽视结论产出的情况。每一次洞察行动都要设定清晰的目标与预期成果，确保能够形成具有高度可操作性与指导性的结论。同时，为防止洞察结论被束之高阁，实业型企业要构建一套严谨高效的执行机制，依据洞察结论，迅速制定详尽的行动计划，明确责任主体、时间节点以及资源调配方案。销售部门凭借其对市场的熟悉与客户资源，负责将洞察结论转化为实际的销售行动，如有针对性地开展市场推广活动、优化产品销售策略等；战略发展部门则从整体战略布局出发，协调企业内部资源，保障洞察结论在企业长期发展战略中的有效落实，推动企业在产品研发创新、市场拓展布局以及组织架构优化等方面做出适应性调整。

如此一来，实业型企业不仅能够充分发挥销售部门与战略发展部门的专长与优势，弥补企业缺失洞察组织的不足，更能确保洞察工作真正服务于企业的战略发展与销售业绩提升，切实解决客户的真实痛点，为企业在激烈的市场竞争中赢得先机、实现可持续发展筑牢基础。

4.2.3　量飞跃来自整体优势发挥

华为是一家把 2B 业务和 2C 业务都做到全球前三的公司，其 2C 业务规模达到 500 亿美元，2B 业务规模也达到 500 亿美元。

当众多手机品牌还仅仅依赖局部优势在市场中艰难求生时，华为却展现出了更为全面和强劲的产业竞争力。在局部优势方面，华为可谓表现卓越。其强大的研发实力在手机芯片领域体现得淋漓尽致。麒麟芯片不断迭代升级，从性能优化到功耗控制，都达到了世界领先水平。例如，麒麟高端芯片在处理复杂任务时的流畅性以及对 5G 的率先应用，让华为手机在核心硬件上具备了显著优势，能够满足用户对高性能手机的需求。无论是运行大型游戏还是进行高清视频通话，华为手机都能轻松应对。

同时，华为手机在拍摄功能上的建树也堪称一绝。通过与徕卡等专业相机品牌的深度合作，华为手机的摄像头配置、影像算法不断创新。从超高像素的主镜头到超广角、长焦等多镜头组合，再到夜景模式、人像模式等智能拍摄功能的开发，华为手机让普通用户也能轻松拍出高质量的照片和视频，极大地提升了用户的拍摄体验。华为手机在手机拍摄功能这一关键的局部优势点上牢牢抓住了用户的心。

然而，华为的成功不仅源于这些局部优势。其真正的核心竞争力在于集成产品营销与销售（Integrated Product Marketing and Sales，IPMS）端到端的流程打通，实现产品研发、市场营销和零售协同，从而实现产品比友商提前 6 个月左右上市，以及规模化量产。从产品研发的源头开始，华为就进行了全方位的布局。在市场调研环节，华为投入大量资源深入了解全球不同地区、不同用户群体的需求和使用习惯，这使得其研发出的手机产品能够精准地贴合市场需求。例如，针对年轻时尚用户群体对手机外观设计和社交娱乐功能的重视，华为推出了多款配色时尚、自拍功能强大且具备丰富社交应用的手机型号；而对于商务用户群体，则注重手机的安全性能、办公便捷性以及续航能力的提升，如华为 Mate 系列手机在安全芯片、多屏协同办公等功能上的创新。

在供应链管理方面，华为建立了稳定且高效的全球供应链体系，与全球众多优质零部件供应商建立长期合作关系，确保关键零部件（如芯片、屏幕、摄像头等）的稳定供应和质量控制。同时，华为通过自身强大的技术实力和市场影响力，在供应链中拥有较强的议价能力，这有助于降低生产成本，提高产品的性价比。

在生产制造环节，华为采用先进的智能制造技术和严格的质量检测标准，保证手机产品的高质量和大规模生产能力。其生产基地遍布全球，能够根据市场需求灵活调整生产计划，实现快速交付，确保新手机上市时能够迅速铺货，满足市场的大量需求。

华为 2C 业务的 IPD 流程，看起来与 2B 业务的 IPD 流程关键管理阶段类似，但由于业务类型差异很大，因此在管理颗粒度上差别很大，这就需要华为的流程管理团队做出很多创新性的设计和变化，而并非简单沿用从 IBM 引入华为的体系。华为在 IPD 管理体系变革、创新、演变方面，已经拥有世界级的能力，也为整个制造产业发展了大批建设研发管理体系、提供咨询服务的专业人才。

4.2.4　上市即上量的市场操盘

在营销与销售渠道上，华为构建了线上线下相结合的全方位营销网络。线上，华为通过官方商城、电商平台旗舰店等多种渠道进行产品推广和销售。截至 2019 年 12 月，华为已开设 1 家全球旗舰店、3 家智能生活馆、8 家授权体验店 Plus、2 家机场体验店、1 家政企解决方案授权店、5000 多家授权体验店。取得这样优异的成绩，背后的底层逻辑就是围绕上市即上量，对营销操盘团队提出要求。提前 6 个月预测市场销售目标，精准抓取市场需求，销售操盘团队与手机产品研发团队做到互锁，采用并行策略，使得产品开发周期相比其他竞争对手缩短 6 个月左右的时间，这才是华为手机真正的产业竞争力的体现。

在售后服务方面，华为建立了完善的手机售后服务体系。华为在全球各地设立售后服务中心，配备专业的技术人员和充足的维修配件，为用户提供快速、便捷、高质量的售后服务。这种优质的售后服务不仅解决了用户的后顾之忧，也进一步提升了华为品牌在用户心中的形象，促进了用户的二次购买和口碑传播。

华为 2C 业务的高销量，来自 SPDT 对市场的整体操盘。有别于 2B 业务的流程，2C 业务的流程在市场前端更为复杂。IPMS 涉及九大核心管理要素。

> GTM（Go-to-Market）：市场机会点挖掘、产品策略管理、拓展管理、量价管理。

> 电商：电商规划与拓展、商品管理、流量管理、活动运营。

> 营销：营销传播策略整合及执行、发布会策划及执行、上市营销管理。

> 渠道：渠道模式与伙伴选择、覆盖范围与节奏设计、渠道激励、渠道销售运营。

> 零售：零售规划、零售物料管理、店面管理、促销管理。

> 服务：消费者声音管理、服务准备、客户管理。

> 财经：全生命周期损益管理、营销费用投入产出管理、预算管理。

> 定价商务：商务授权、定调价管理。

> 市场计划及交付：市场预测、订单交付、分货执行。

正是通过营销与研发并行的工作，华为手机实现了上市即上量的战略目标。当一款新的华为手机上市时，其在研发阶段，凭借领先技术优势能够迅速吸引消费者的关注和激发消费者的购买欲望；高效的供应链和生产制造体系保证产品的充足供应和快速铺货；借助全方位的营销网络，在产品上市前就明确卖点，可以并行开发营销物料。一旦产品上市，营销工作相比友商提前 6 个月左右，让产品信息广泛传播并精准触达目标客户群体。例如，华为 P 系列和 Mate 系列手机的每一次新品发布，都在全球范围内引发购买热潮，上市初期的销量常常数以百万计，并且能够在较长时间内保持稳定的销售态势，实现规模化的量飞跃。

华为手机凭借上市即上量的关键能力，在智能手机领域成功逆袭。其不仅在局部优势上表现突出，更通过端到端的优势整合与协同运作，构建了强大的竞争壁垒，实现了从产品到市场的全方位突破，为智能手机行业的发展树立了新的标杆，也为其他企业的规模化发展提供了宝贵的借鉴。

在现代商业环境中，组织构建强大的学习能力是实现量飞跃的重要根基。组织的学习能力越强，其对成功商业模式与管理经验的吸收、内化速度就越快，进而商业复制速度越快。强大的学习能力有助于企业高效地将优秀实践推广应用，在激烈的市场竞争中抢占先机，实现规模与效益的双重增长，为企业的持续蓬勃发展注入源源不断的动力与活力。

第五章

为商业结果负责的组织

5.1　以客户为中心的组织设计

不少企业在市场浪潮中起起落落，而华为却能一直高速成长，取得卓越商业成就，对此华为以客户为中心的组织设计功不可没，尤其是销售与营销团队从混为一谈到科学地分开管理。组织是企业飞轮中非常重要的一部分，驱动着华为这艘商业巨轮稳健前行。

华为的组织与流程是同步建设的，业务主管负责组织、流程的搭建。业务主要活动、业务管理过程中责任、权力如何分配？在流程运作中，业务主管通过管理角色、活动或任务来明确。而在组织运作中，业务主管通过岗位、活动或任务来管理具体的人和事。由此可见，流程运作和组织运作就是业务运作中的一体两面，看似是分开的，实则是一体的，如图 5-1 所示。

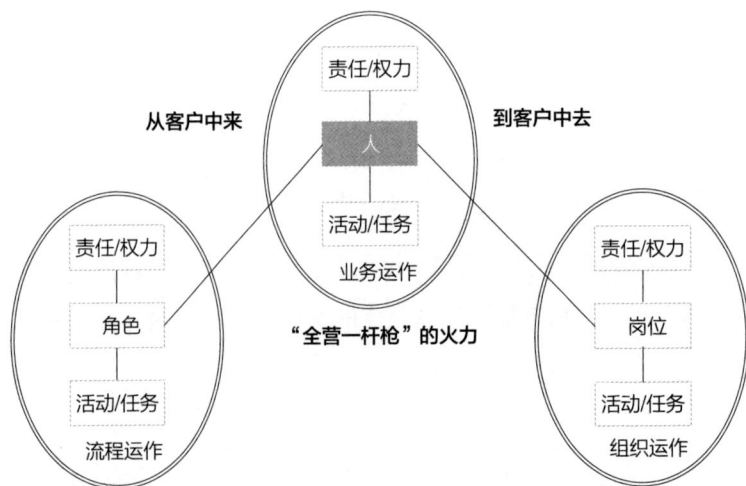

图 5-1　流程与组织的关系

5.1.1　组织设计原则：以客户为中心

华为创立初期，与许多摸索前行的企业类似，销售和营销团队处于未分开管理的状态。当时，业务流程相对简单直接，团队成员往往肩负多重职责，既要开拓市场、拿下订单，忙于在一线奔波与客户洽谈合作、促成交易，又要兼顾品牌推广、市场策划等营销事宜，试图提升产品知名度、挖掘潜在客户群体。这种"眉毛胡子一把抓"的模式，在企业规模尚小、市场竞争压力未达极致时，尚可维持运转，但随着华为业务版图快速扩张、产品线日益丰富、市场竞争愈发残酷，弊端逐渐显露。

由于企业高速成长，人员变动很快，团队职责界定模糊，"屁股决定脑袋"的事情时常发生，就会对业务发展产生影响。例如，销售人员为了在短期内冲业绩、达成交易，倾向于向客户过度承诺产品功能与服务，而忽略产品与客户的适配度与长期价值。有时候，销售人员只为拿下订单、收获提成奖励，而置客户利益于不顾；营销人员忙于策划活动、投放广告，难以深度洞察客户需求变化，导致营销方案与客户真实痛点脱节，投入大量资源却收效甚微。例如，在某区域市场推广一款新通信设备时，销售人员为了快速签单，应允为客户提供远超产品标准配置的技术支持，后续交付时却因技术瓶颈无法兑现，引发客户不满；营销人员同期策划大规模宣传活动，侧重技术参数宣传，却未契合当地客户对设备简易运维、成本控制的核心诉求，市场反应冷淡，不仅浪费了资源，更损害了企业形象，阻碍业务持续拓展。

华为敏锐洞察到这一制约业务发展的问题，果敢抉择，建设商业组织（也叫作市场大平台），将销售与营销团队分开管理，明确各团队职责和任职发展通道。绩效管理指标上，销售团队以赢得订单为第一指标，营销团队则以获得市场线索为第一指标，双方配合完成整体的销售目标和利润目标。如此调整后的商业组织，重塑以客户价值为导向的运营逻辑，也传承了华为文化：以客户为中心。近二十年来，华为商业组织架构都遵循这一原则。

销售团队转型为客户价值的精准传递者与深度耕耘者。销售团队聚焦客户现场，化身业务"特种兵"，深入了解不同行业、地域客户的个性化需求，凭借专业知识为客户匹配最优产品方案，从单纯售卖产品向提供整体解决方案转变。在绩效管理上，摒弃单纯"以销售额论英雄"的旧制，引入客户满意度、订单质量（涵盖产品适配度、交付及时性、售后响应效率等维度）、客户复购率等关键指标。以某海外电信运营商项目为例，销售团队前期花数月时间扎根当地，调研网络建设难点、成本预算与未来扩容需求，为其定制融合华为多款通信产品的专属方案，虽签约周期拉长，但交付后客户满意度超90%，后续三年持续追加订单，实现客户价值与企业营收双赢，彰显新绩效导向成效。

营销团队则以客户为中心，摆脱短期销售业绩压力。营销团队站在宏观角度，运用前沿市场调研工具与大数据分析，精准剖析行业趋势、客户偏好演变及竞争对手动态，策划出直击客户痛点的营销战役，获得市场线索。真正的营销高手，能够发现客户潜在的问题及其背后的根源，通过制造冲突从而让客户认可痛点。绩效评估聚焦市场线索数量、市场占有率增幅、营销活动投资回报率等指标。如在5G推广初期，华为营销团队洞察全球对高速通信网络大带宽、低时延、海量机器通信的需求，策划系列科普短视频、行业高端论坛与实地体验活动，精准传递5G智慧生活与产业互联网发展带来的价值，半年内品牌关联5G搜索热度提升3倍，助力华为在全球5G市场占据领先地位，为产品销售提供市场线索裂变。

5.1.2 组织设计：灵活性与规模化并重

1998年，华为斥巨资请IBM帮助华为进行IPD管理体系的建设，建设完成后发现：产品研发周期从84周减少到49.69周；产品成本降低；研发费用占总收入的比率降低，人均产出率大幅提高；产品故障率从17%降低到1.3%；花费在中途废止项目上的费用明显减少；客户满意度从79%提升到83.4%。借助IPD管理体系搭建的研发体系，以及这套体系在华为的深入推行，华为产品品质得到极大改观，华为顺利通过了英国电信集团和沃达丰的审核，成功进入欧洲市场。

至今，已经有不少企业引入并使用IPD管理体系，但仍有不少企业人员抱怨引入这套体系耗费不少财力和物力，同时使得商业的灵活性不足，因此他们对这套管理体系产生怀疑。追究其背后的原因不难发现：并不是 IPD 管理体系本身的问题，很多时候是商业组织系统出现了问题。标杆企业组织设计如图 5-2 所示。面向客户的组织设计中，必须要求有团队能够面向客户和市场分析需求。以华为为例，需求分析组织负责打通市场一线客户需求与研发产品需求，这个组织的能力建设下属于 MKT 部门（职能条线），但向业务部门负责需求管理的结果（业务条线），通过双向汇报解决规模化和灵活性不足的问题。但不少引入 IPD 管理体系的企业，仅仅建立了 IPD 框架和流程，在组织上并没有办法开展矩阵式运作。

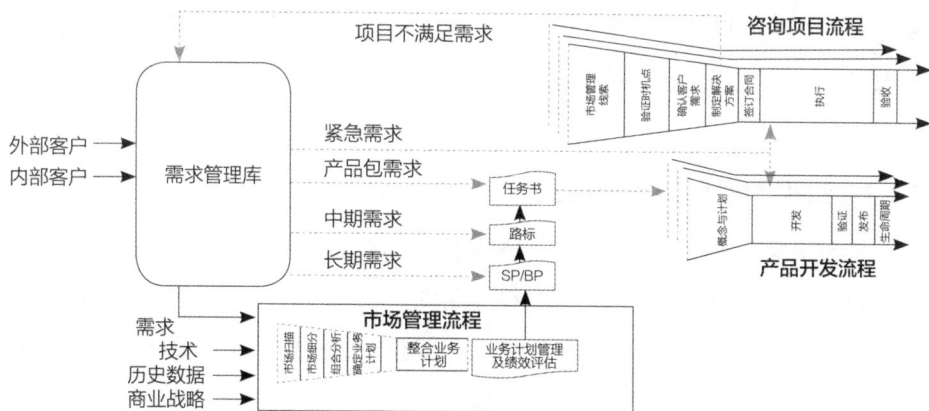

图 5-2　标杆企业组织设计

设想华为没有需求管理团队，其产品商业化之路将荆棘丛生。回顾华为早期推出某款智能手机的经历，当时缺乏专业团队深入一线为市场"把脉"，研发部门依循内部技术偏好埋头研究硬件参数，过度聚焦芯片算力提升、屏幕像素突破，却未精准锚定目标用户对手机续航、影像拍摄便捷性等的需求。这款产品被推向市场后，尽管技术指标亮眼，但在续航上存在短板导致需要频繁充电从而困扰用户，界面操作复杂难被大众所接受，商业反响平淡，销量远低于预期，规模化扩张成为泡影。

再看企业级通信解决方案领域，若无需求管理团队系统调研，华为可能在市场战役中受挫：资源错配的问题时有发生，错误地瞄准小众高端定制功能发力，忽略中小企业对通信设备"低成本、易部署、稳定可靠"的规模化刚需；产品上市定价高、操作复杂，与主流客户购买力、技术运维能力脱节，在广阔的中小企业市场颗粒无收，难以凭借规模销售摊薄成本、积累口碑，错失商业增长黄金时机。

华为需求管理团队所采用的矩阵式组织架构，恰似纵横交错的精密网络，横向跨越不同产品线、业务部门，确保对多元业务需求的全面覆盖与统筹；纵向贯穿从前端市场调研、客户洞察到后端产品交付、售后反馈的全流程链路，打破信息壁垒，实现高效协同。引入 IPD 管理体系后商业规模化和灵活性不足的问题其实是伪命题，当组织缺乏市场人员，缺乏识别真正需求的能力的时候，就无法瞄准正确的目标，做正确的事情，甚至发现问题的时候，也无法成功校准。

5.1.3 组织的授权与管控模式

华为积极引入先进管理哲学，持续不断地建设组织系统，巧妙规避了诸多家族企业常陷入的管理泥沼，在授权方面成果斐然。华为赋予一线团队充分自主权，像在海外 5G 基站建设项目中，当地团队能依据实地工况、客户特殊诉求，自主调配人力、物资，灵活调整施工计划，高效推进项目，大大提升市场响应速度；各部门在预算上有权灵活分配，依据业务优先级投入资金，确保资源投入关键业务。

华为的管控体系同样出色。华为构建严谨的目标考核体系，从产品市场占有率到客户满意度等指标，定期进行严格评估，督促部门紧扣战略方向；流程规范贯穿研发、销售等全程，多部门协同审核，杜绝违规操作；借助大数据平台实时监控业务数据，精准洞察运营态势，保障企业在轨道上稳健前行。

（1）华为 MKT 部门的授权

①策略制定自主权。华为赋予 MKT 部门在策略制定层面相当程度的自主权。面对全球不同区域市场，各地区的 MKT 团队有权依据当地市场特色、竞

争态势、客户偏好等因素，量身定制营销策略。在欧洲市场，鉴于客户对品质、隐私等的高度重视，当地MKT团队可自主策划突出华为产品高端品质、安全隐私保护技术以及绿色节能设计的推广方案，灵活调配资源开展高端品鉴会、科技论坛合作等活动，精准吸引目标客户，无须烦琐地层层请示，极大提升市场反应速度。

②预算调配权。资金运作是营销活动的"燃料"，华为给予MKT部门一定的预算调配权。基于年度营销总预算框架，各产品线、各区域的MKT分支能根据业务优先级、项目预期收益，自主决定在广告投放、渠道拓展、市场调研等项目上的资金分配。例如在新兴5G产品初期推广阶段，MKT部门可加大对5G应用场景演示、行业展会专项展示的预算投入，提升市场认知度，确保营销火力聚焦重点业务，保障资源利用效率最大化。

③客户合作决策权。与客户建立深度、高效的合作关系是营销的关键，MKT部门被授予一定的客户合作决策权。在与全球运营商、企业级大客户洽谈合作时，MKT团队有权识别战略客户，提前进行战略项目的投入；也有权识别高价值客户，通过定制化方案、联合营销资源投入客户活动和测试验证等，快速响应客户特殊诉求，拿下关键订单，巩固市场份额。如与某国际大型运营商合作5G网络建设项目，MKT团队依据对方对网络覆盖进度、企业建大学等的特殊要求，当场拍板优化合作方案，促成项目顺利签约。

（2）华为MKT部门的管控

①目标导向考核。华为以清晰、量化的目标对MKT部门进行严格管控。华为从短期季度营销目标，如市场占有率提升幅度、新品推广销量达标率，到长期品牌价值增长、客户满意度提升等目标，构建严密考核体系，通过定期复盘、数据分析比对，督促MKT部门始终围绕公司整体市场战略目标前行，避免营销方向跑偏，确保投入产出成正比。若某区域MKT团队在季度末市场份额未达既定提升目标，需深入剖析原因、提交整改举措报告，接受公司审核评估。

②流程规范约束。华为对MKT部门通过营销费用的预算管理和客户活动

管理，在流程节点上使用交叉审核的方式，规避流程漏洞。在营销活动策划审批上，从创意提出、内部评估到最终执行，遵循多责任人、多部门协同审核流程，涉及财务合规审查、法务风险把控、客户接待等级设置等环节，防止营销活动出现财务漏洞、侵权纠纷或过度夸大产品性能等问题。即使是紧急临时营销活动，也不能越过流程底线，以保障公司整体运营稳健。

③数据监控反馈。借助强大的数字化平台，华为对MKT部门实施数据化管控。实时监测营销活动各环节数据，从广告曝光点击率、线上线下渠道流量转化，到客户线索收集及跟进成效，全方位洞察营销效能。基于数据反馈，MKT部门能及时优化策略，公司也能精准评估投入产出效益，发现异常波动可迅速溯源并调整，使营销运作始终处于"可视""可控"状态。

（3）商业管理中授权与管控的价值

①激发专业创造力与提升效率。通过授权让专业的人干专业的事，是点燃组织活力的"火种"。华为MKT部门专业人员在被赋予策略制定、预算调配等权力后，凭借深厚的市场洞察能力、营销技巧，能迅速响应市场变化，制定创新打法，避免冗长汇报机制，不造成时机延误。

②保障战略协同与风险防范。管控是组织稳健航行的"舵手"。通过目标考核、流程规范与数据监控，确保各部门不偏离公司战略"航道"，防范个体为追求短期利益的冒险、违规行为。以华为全球市场布局为例，管控机制保障各区域MKT团队的营销动作契合公司整体品牌定位、市场拓展节奏，同步防范财务、法律、声誉等方面的风险，维护公司长期可持续发展根基。

③优化资源配置与动态平衡。授权与管控协同，助力企业实现资源最优配置。通过授权让MKT团队灵活调配资源抓机遇，借助管控让MKT团队依据市场反馈、绩效评估结果动态调整资源分配方向，如发现新兴市场潜力巨大，适当授权与倾斜资源助力MKT团队深耕新兴市场，对低效营销项目及时止损，维持组织健康，让组织在商业浪潮中灵活应变、持续壮大。

华为MKT部门依托合理的授权与管控模式，充分激活组织活力，打造系统化的专业力量，精准抓取客户需求，并能够让具备竞争力的产品在市场拓展方面的成功不断被复制，为华为商业成功筑牢坚实根基。在商业管理领域，把握好授权与管控的平衡，是企业凝聚核心竞争力、迈向卓越的必由之路。

5.2　组织发展与商业价值循环

市场环境瞬息万变，"黑天鹅"事件频出，企业能否迅速调整状态、灵活应变，直接关乎企业生死存亡。那些组织能力薄弱的企业，如同僵化的"机器"，面对商业和需求变化时，反应迟缓、茫然失措。例如，当新法规出台限制某类原材料的使用时，相关企业若内部组织缺乏风险预警与快速决策机制，研发部门无法及时找到替代材料、供应链部门不能迅速切换供应商，便只能坐以待毙，停产整顿；电商浪潮席卷而来，传统零售企业若未能及时重塑组织架构、培养线上运营能力，仍死守实体店模式，即便坐拥优质线下资源，也难逃客流量锐减、销售额暴跌厄运，眼睁睁看着商业机遇如指尖流沙般消失。组织发展与商业价值循环之间息息相关，组织系统成就商业价值循环。

我的客户——浙江省某在线教育公司（以下简称 J 公司），过去一直专注于销售业绩，组织系统建设意识薄弱。J 公司通过在线教育平台触达的用户数量是惊人的，每年可以触达几千万用户。但 J 公司创始团队比较年轻，之前没有在组织建设方面投入太多。这些年来，即使借助过去成功的市场作战经验，商业成果也出现下滑趋势。根据企业内部数据，J 公司存在交易成交效率下降、客户黏性降低、人才流失严重等问题。为了解决这些问题，我和我的团队组织 J 公司学习华为的组织建设方法，用主战和主建思想帮助 J 公司的业务管理团队加深认知，明白销售组织力建设的价值。后来经过多次研讨，我和我的团队辅导 J 公司构建产业级的营销组织系统，优化销售流程和提升销售队伍能力，实现成交量和效率的显著提升。

5.2.1 用主战和主建思想构建组织

主战，是指组织为完成销售目标而作战。在华为，营销团队与销售团队并肩作战，一起通过一线的相关任务来实现"打粮食"目标。当目标锁定全球市场时，一线销售、营销等主战团队化身先锋，凭借对市场趋势的敏锐洞察，深入全球各地区。在欧洲，他们洞悉当地运营商对通信网络高稳定性、低时延及环保节能的需求，以 5G 基站"绿色方案"叩开市场大门，凭借扎实产品知识、卓越沟通谈判能力，与运营商高效沟通，从商务谈判桌到基站建设现场，据理力争、寸步不让，全力斩获订单，让华为产品与服务在异国他乡落地生根；在非洲，聚焦新兴市场基建刚需与成本敏感痛点，推出高性价比通信套餐、简易部署设备，深入部落进行推介，拓宽市场范围，用拼搏与智慧将潜在机遇转化为商业成果。

主建，则是指职能部门进行体系化能力建设，或者流程化、平台化建设，构建能力中心，对作战形成强有力的支撑。例如，华为 MKT 团队需要根据作战要求，不断加强团队专业性和能力建设，增加土壤肥力。

主建支撑主战，为一线团队提供坚实后盾，主战牵引主建，反馈市场需求倒逼后方迭代升级，二者紧密联系、协同运转，驱动华为在全球市场破浪前行。主战和主建如图 5-3 所示。

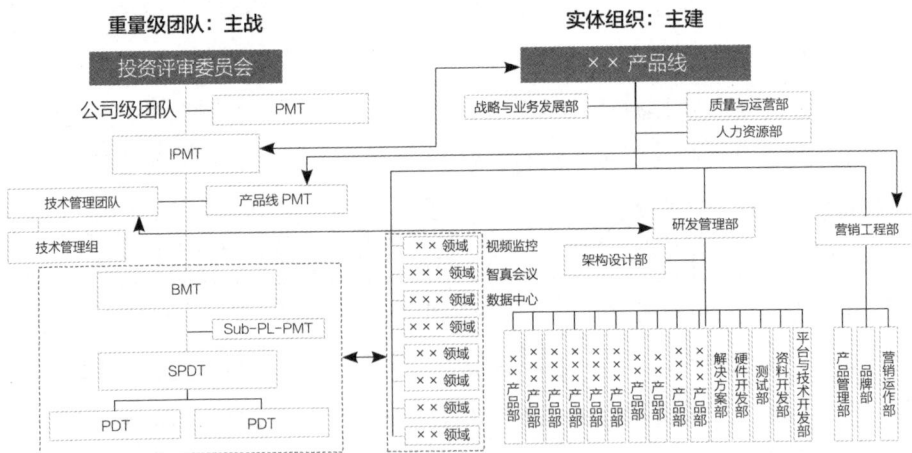

图 5-3　主战和主建

有不少企业认为销售团队才是作战队伍，营销团队不是作战队伍，这其实是因为对作战的理解不准确。针对一个产业，产品线负责主建，如产品规划与设计、产品开发和制造、生产、测试等工作，而前端团队负责主战。那么主战团队自身的组织能力建设怎么办？华为 MKT 部门（公司级 PMT）作为公司一级组织，其直接汇报对象是投资评审委员会，华为的三大事业群营销能力的主建都归属于这个团队。华为 MKT 部门组织能力建设体现在下面几个方面。

（1）构建职业发展能力，让个人发展有指引

新入职员工从基础营销岗起步，聚焦产品知识掌握、客户信息收集，夯实业务根基。积累经验后晋升至中级，负责项目拓展、方案制定，强化营销策划与执行能力。资深阶段则主导公司级、产业级的大型项目，开拓战略市场，统筹资源，把控某个区域市场全局或者产业市场全局。各层级有对应专业培训、导师辅导，依据能力模型设置职业通道的晋升标准，以清晰"路线图"指引营销人员前行，助其稳步成长、持续提升职业竞争力。

随着营销队伍的扩张，华为将营销队伍再次细分：产品营销人员，主导产品的市场需求、投资重点、产品上市以及营销活动；大客户市场营销人员，是公司市场格局的守护者，负责展厅建设、高价值客户连接与需求挖掘，对产业的格局负责；数字市场营销人员，是公司品牌塑造者，负责提高市场声量，塑造品牌影响力、挖掘市场线索、扩大市场空间。

（2）构建营销平台，让平台价值大于个人价值

随着商业环境的变化与竞争的加剧，运营商、行业头部客户商业布局也需要具有前瞻性。华为按需服务终端客户，降低试错的成本，提升商业布局的弹性。华为营销三朵云——营销作战云、营销资源云与营销服务云，各自绽放其光芒又协同发力。例如，营销作战云作为智慧中枢，依托大数据、AI 技术，采集海量全球市场动态、行业资讯、竞品情报及客户偏好数据，经精密算法深度剖析，绘制多维市场热力图，精准定位商机与潜在风险，为营销团队作战提供清晰战略蓝图，为从目标市场选定到营销策略制定指引方向，突破个体认知局限，让营销决策更具科学性、前瞻性。

华为营销三朵云能够让客户体验华为的先进技术和产品，让客户更加依赖华为整体组织，而不是某些人才或个体经验。构建营销平台，就可以让公司的平台价值大于个人价值，即使部分员工流失，但因为组织价值才是支撑客户成功的关键，所以客户也不会轻易流失。

（3）构建知识管理体系，让群体智慧赋能个人智慧

华为的发展历程中，销售队伍集体大辞职与"一五一工程"建设两大标志性事件，生动且深刻地诠释了构建知识管理体系，以群体智慧赋能个人智慧的深远价值。

回顾华为销售队伍集体大辞职这一震撼业界的举措，在孙亚芳领导的团队的果断推动下，看似激进，实则为华为高速成长奠定基础：客户资源是公司资源，而不是个人资源，相对个人成长，组织成长需求更加迫切。在当时，华为正处于快速扩张与转型的关键节点，旧有销售模式与思维在面对日益复杂多变的市场、标准越来越高的客户需求时，渐显疲态。销售队伍集体大辞职打破了销售人员的"关系型销售的舒适区"，重构销售组织架构与人员布局，为新的顾问式销售理念、策略的应用注入活力，更重要的是，组织能力建设登上历史舞台。华为提出销售大平台这一概念并开始建设。

"一五一工程"建设是销售组织系统建设的代名词。"一五一工程"的内涵是一支队伍、销售作战"五板斧"、一套作战资料。一支队伍：这支队伍具有统一的作战目标，形成一个利益共同体。销售作战"五板斧"：参观H公司总部、参观样板点、开展现场交流会、开展技术交流会、高层互访。一套作战资料：其实离不开华为的高质量产品和服务，这些内功是通过一套作战资料来打磨的。"一五一工程"是华为第一次实现组织赋能个人，提升组织的灵活性，解决过去华为销售的客户资源板结、个人不能换部门、成果经验无法被复制等诸多问题。

组织要实现个人智慧到群体智慧的转变，能够承载群体的知识与力量。组织要构建平台化、知识化、流程化的能力，智力资产管理是组织中最为重要的

智慧沉淀，发展高端商业人才，与客户高层开展对话，用思想影响力和知识力牵引客户意图。只有当群体智慧赋能个人智慧的时候，组织的价值才能得以发挥。大型企业特别强调提升组织的灵活性，组织系统让人才成长、具备更高可塑性，是华为人才辈出的底层逻辑。

5.2.2　组织必须向价值创造倾斜

华为的闭环管理是其组织能力强的另外一个表现。华为的商业管理追求快速闭环，以年度为周期，每半年就进行一次闭环管理：述职或更新年度规划。与此同时，战略闭环管理则追求三年以上的长期商业价值循环。不少企业虽然有战略规划，但战略执行率却不到80%，经过诊断后发现这类企业的商业大闭环缺乏组织绩效。从企业绩效到组织绩效，再到团队绩效和个人绩效，这样的过程不能被省略；否则不是组织缺乏"火力"，打不了胜仗，就是组织缺乏活力，人员无法被有效动员，组织运作如一盘散沙，无法获得预期成果。组织能力与商业价值循环如图5-4所示。

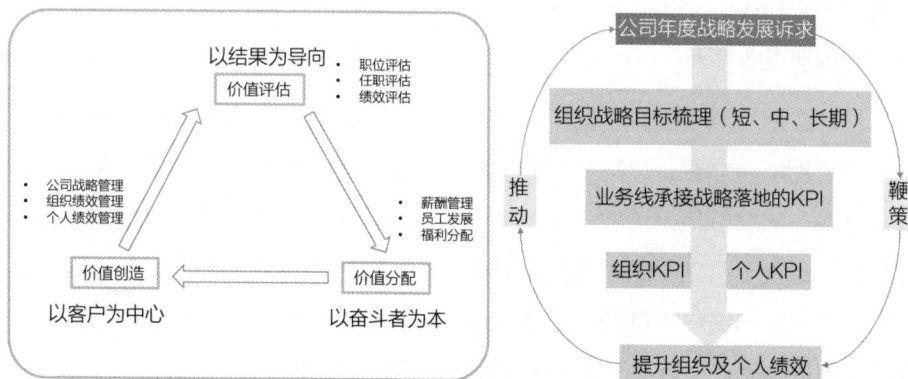

图5-4　组织能力与商业价值循环

不管哪一种闭环管理都能为组织能力发展贡献独特的价值，华为的商业价值循环也是一种闭环管理。这样的闭环管理其实就是组织能力建设中最为重要的：自上而下制定，自下而上对齐，才能"全营一杆枪"，否则组织系统的作用无法发挥出来。

商业价值循环恰似企业运转的"血液循环系统"，涵盖价值创造、价值评估与价值分配三个环节。价值创造是源头，组织的激励原则必须向价值创造倾斜。创造端，若各部门各自为政，研发部门闭门造车、生产部门忽视市场反馈、销售部门不懂产品精髓，则难以产出契合市场需求的产品与服务，源头活水枯竭。在价值评估环节，若缺乏客观和适应当时业务环境的价值衡量标准，就无法甄别业务绩效优劣、员工贡献高低，从而出现资源错配，甚至"劣币驱逐良币"现象。在价值分配环节，如果激励没有拉开差距，赏罚不明、激励失衡，员工的发展动力不足，最终组织系统会进入"亚健康"状态。

价值评估宛如"体检指标"，精准衡量各业务单元、项目及员工的贡献。华为运用绩效评估系统，明确过程和结果如何衡量，既考量财务营收、市场份额等"硬指标"，也纳入客户满意度、创新突破等"软指标"，全面审视价值产出质量。对高潜力创新项目加大资源倾斜力度，对低效业务果断调整优化。只有进行内部公平、公正、公开的绩效评估，才能拉开激励差距。价值评估的推行方法非常有特点，需要先试行，再僵化，再优化。一些家族企业无法推行价值评估，原因就在于组织系统没有进行完整的任职体系建设，在绩效评估阶段无法做到内部公平、公正、公开，私人关系影响组织发展。

价值分配恰似"激励引擎"，以奋斗者为本，鼓励员工为组织作出贡献、在客户层面创造成果，以物质激励（薪酬、股权等）与非物质激励（荣誉、晋升机会等）回馈价值创造者。拉开激励的差距，让优秀员工凭卓越绩效收获丰厚奖励，激发全员工作的积极性，吸引外部人才加入企业，形成正向"磁吸效应"；让团队因突出贡献获得更多资源。这种绩效比拼的企业文化，有助于企业持续创造价值，让商业价值循环与组织发展形成良性互动。

组织发展离不开两个循环：一个是人才循环，一个是商业价值循环。人才循环将智慧和经验带给组织，商业价值循环则是组织的骨骼，没有商业价值循环的支撑，组织就会失去号召力。价值创造是组织的整体骨架，各部门各司其职、联动发力，让组织具有目标感。例如，2019年，因在移动操作系统领域一直受谷歌安卓系统限制，华为只能开发自己的鸿蒙系统。当鸿蒙系统刚刚推出时，华为就坚持打造两个循环，一个是生态化的商业价值循环，另外一个是人才循环。在商业价值循环方面，打通多设备互联生态，开拓万物智联市场空间。只有做大市场空间，才能让伙伴参与进来，一起做大蛋糕。在人才循环方面，组织调用其他 BG 的营销人才，进行再次培养，把这些高素质人才培养为能为这个产业所用之才。只有实现从产品营销到生态营销的转变，才能完成新生态的构建，提升鸿蒙系统品牌知名度、拓展客户群体。这时需要有人来拓荒，发展鸿蒙生态伙伴，因此组织绩效就要对准生态发展的业务要求，而非直接"打粮食"。

5.2.3 发展全球化组织系统

组织成功往往会带来意想不到的商业效果。华为组织系统发展与其全球化战略发展息息相关。在执行全球化战略的过程中，华为发现自己最大的短板之一就是组织能力跟不上业务发展。华为早些年的成功，很多时候靠的是人海战术，但在全球化竞争中，华为意识到自己进入了只靠人海战术无法支撑业务发展的瓶颈期，于是开始引入合益咨询公司，该公司先后给华为做了职位体系、薪酬体系、任职资格体系、绩效管理体系，以及各职位系列的能力素质模型，这些都有力支撑了华为的全球化发展。飞轮与组织发展如图 5-5 所示。

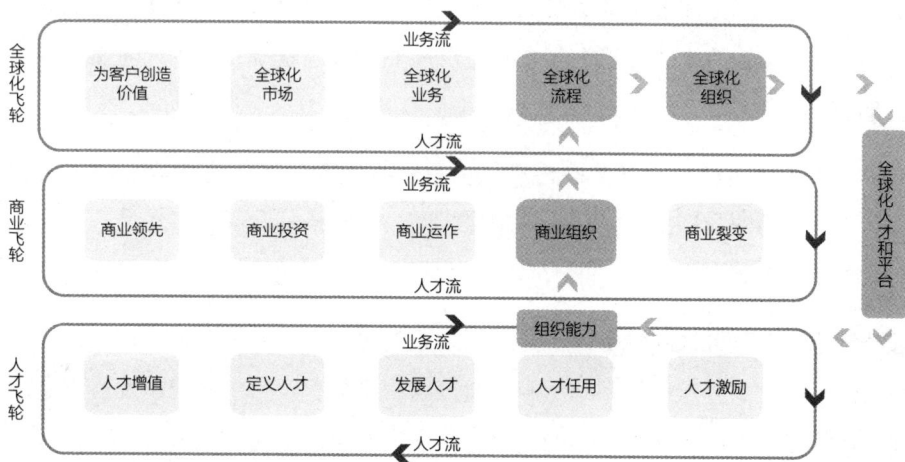

图 5-5 飞轮与组织发展

华为的业务扩展到了全球，这么庞大的业务体系，怎么建设组织？华为破除法人实体壁垒，建立纵向缩短、横向拉通的三级责任体系：集团、海外业务责任主体（地区部）、区域业务责任主体（代表处）。集团负责战略管理、政策制定、关键干部选拔、集成监管，从总公司角度构建全球化发展的策略，实现资源向高价值客户倾斜的目的。为了管理好海外业务，华为在全球设置16个地区部，每个地区部都是利润中心。虽然华为在海外也设立了子公司，但子公司在经营方面并没有实权，地区部、代表处才是经营的责任中心。地区部还是资源中心、能力中心、业务中心，其中资源中心的共享机制，包括人才、物料、人力资源服务、行政服务等的共享机制。地区部可以被看作一个大平台，通过共享机制，极大降低区域业务运作的成本。代表处是区域业务层面考核或经营的最小单元。在组织建设方面，构建项目级别的盈利与运营能力，是华为精细化运营最大的特点。

华为在人才管理方面，通过定义人才、发展人才、人才任用和人才激励几个维度实现人才增值大于财务增值。其中定义人才是华为最为出色的地方之一。任职资格体系是对员工胜任某一职位所需具备的知识、技能、经验、素质等方面要求的总和。它是一个基于能力的标准体系，关注的是员工个体能力与职位要求的匹配度。任职资格体系包括资格标准、认证流程和认证结果应用等环节。通过职位描述书定义需要的人才，华为在人才识别和人才获取方面取得很大进步。华为的人才飞轮为其全球化发展奠定人才基础，使其人才工程逐渐完善起来。

人才飞轮促进商业飞轮的构建，从而使得华为全球化飞轮能够被构建起来，三者之间的紧密配合，让华为跑赢时间，在同样的时间下，华为产品在效率、质量、体验、成本等方面都优于竞争对手。

全球化飞轮带来的效果离不开组织系统的进化。为开拓全球化市场，华为基于六个维度来打造组织系统（简称六度组织系统）。组织系统的发展不是一蹴而就的，华为在长达十多年的过程中，逐步发展和优化人力资源体系，从而提升人才管理的能力。六度组织系统锻造工具（见图5-6）在我帮助其他企业进行组织系统打造的过程中，得到不同程度的应用。利用这套工具，通过与华为组织发展历程的对比，其他企业可精准找到自己的定位，以及明确组织发展目标。例如，一些企业处于创业阶段，需要从弱管理级别向可管理级别迭代，这个时候就要重点审视组织、人才、流程三者之间的协同与配合，既要保障业务高质量发展，又要形成运作合力，这一步也是华为在2000年左右最为紧急的任务之一。而不少企业从无管理到有管理的转变，其根源是过去在组织建设方面投入过少。组织建设一定要与业务发展诉求、业务复杂度相匹配，否则，皮之不存，毛将焉附。

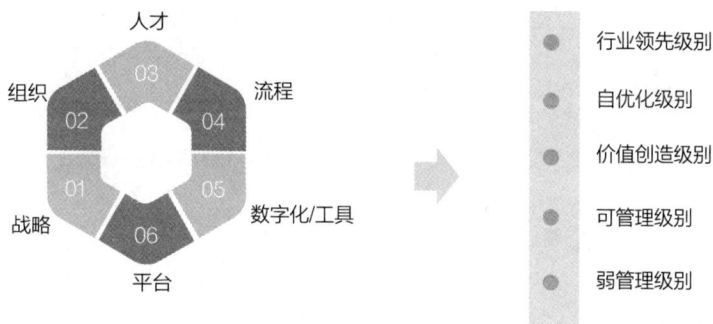

图5-6 六度组织系统锻造工具

卓越的企业都离不开强大的组织系统。组织设计就是对准战略发展诉求，为奋斗者打开大门；组织发展目标就是要对准商业价值循环。人力资源体系通过价值创造、价值评估、价值分配为商业管理者提供武器和弹药，围绕打胜仗来发展全球化组织，六度组织系统是全球化的必然结果。企业构建的一切组织能力，最终都是为了促成商业价值良性循环。

第六章

可实现盈利的经营底座

6.1 可实现盈利与可管理

不少企业在盈利方面做得不好，其根源还是缺乏对盈利管理的能力建设。部分制造企业，过度聚焦眼前订单价格与即时利润，一味压缩成本，采用劣质原材料、减少必要生产工序，虽在短期内账面上盈利数字攀升，但产品品质下滑，售后投诉激增，品牌声誉受损，市场份额随之下滑，长期盈利根基崩塌。例如某小型家电厂商，为降低成本，选用低价但易损坏的塑料外壳、不达标的内部电路元件，产品推向市场初期因低价吸引了部分消费者，可很快因频繁故障被市场唾弃，企业在短暂"狂欢"后陷入亏损困境。

同时，企业盈利能力不足成为"紧箍咒"。不少实业型企业长期依赖线下渠道，无法获得前瞻性的需求，使得企业前景黯淡；也有一些企业在业务上不具备零售型销售属性，但企业却盲目布局线上销售，例如采用直播"带货"等方式，无法精准发展客户，烧掉宝贵的营销资金，但市场表现平平。

针对上述问题，本章内容围绕可实现盈利与可管理展开，只有弄清楚可实现盈利和可管理之间的关系，构建可实现盈利的经营底座，企业的盈利才不是空中楼阁。华为曾经持续十多年不断做可实现盈利和可管理的能力建设，在财务变革方面的投入高达上百亿元，才能够支撑华为的规模化盈利目标。

6.1.1 可实现盈利与可管理间的关系

盈利是企业在商业丛林中生存与繁荣的"硬通货"，如灯塔般指引着经营方向。从纯粹的财务视角看，可实现盈利意味着企业在扣除所有成本与费用后，收入仍有盈余，利润数字为正且呈现持续增长态势。但深挖其内涵，可实现盈利绝非仅由账面数字体现，而是企业综合实力在市场检验下的价值兑现，反映产品或服务契合市场需求、运营管理高效、资源配置精准以及战略决策明智。

可实现盈利与可管理紧密相连、协同运转，缺一不可。可管理是可实现盈利的根基与保障，高效的管理体系能够精准把控企业运营的每一个环节，优化资源配置，使人力、物力、财力等要素各归其位、各尽其用。企业应通过科学的组织系统建设，明确各部门职责权限，打造业务经营单元，打破部门墙，实现协同增效，避免内耗，降低运营成本，为实现盈利创造良好的内部环境。例如，在项目管理中，规范的流程能确保项目按时交付，减少延误导致的额外开支，提升客户满意度，进而助力市场拓展与盈利增长。

6.1.2　商务模式管理中可实现盈利的三级抓手

利润是售前规划出来的，产品定价奠定盈利的基础，商务模式管理也至关重要，是溢价空间的主要来源。

一次性收费的商务模式下，定价侧需要研究研发成本、竞品价格及预估市场接受度，定出一个能带来利润的总价。如一款独立办公软件，权衡功能开发投入与同类软件售价，拟定一次性买断费用。商务模式管理聚焦成本把控与价值传递，管控研发与营销开支，凸显软件高效办公卖点，让客户认可价格合理性，保障盈利，且有助于评估后续增值服务定价空间。

License 收费的商务模式下，依据使用规模、时长、权限精细定价。以专业设计软件售予企业为例，按终端数量、使用年限确定 License 费用，凸显按需付费的灵活性。商务模式管理的价值在于精准洞察客户需求层级，依据不同企业规模、业务量定制授权方案，合理调配资源，防范盗版风险，维护价格体系稳定，深挖各层级客户付费潜力，确保长期稳定获得盈利。

订阅收费的商务模式下，依据客户持续服务体验定价，常以低准入门槛吸引客户，靠长期续订获得盈利。像在线音乐平台，月费亲民，后续靠版权购入、功能优化提价。商务模式管理着重提升客户留存率，依据用户行为、偏好优化服务，调控价格梯度，灵活开展促销活动，塑造高性价比感知，让客户愿意长期付费，实现利润增长。

商务模式对收入的影响如图 6-1 所示。

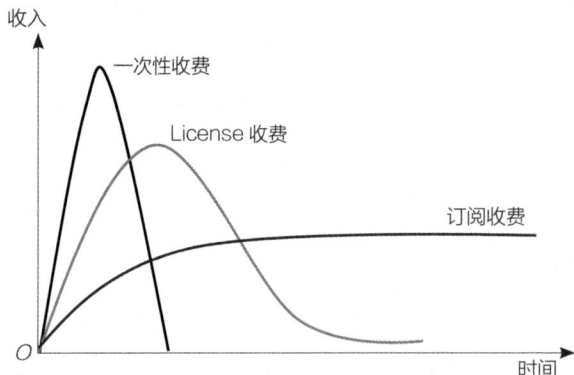

图 6-1 商务模式对收入的影响

为了避免"纸面富贵"，盈利管理需要做到专业化，除商务团队外，同时也需要业务、销售、营销团队协作。商务模式管理的核心是制定战略性的定价策略，从而构筑盈利"护城河"，这离不开三个层级的盈利管理：项目级、业务级、公司级。

（1）项目级

一屋不扫，何以扫天下？很多企业忙于实现提高市场份额、拓展业务版图等大目标，却往往忽视了项目级盈利管理这一关乎企业根基稳固性与持续盈利性的关键环节。项目级盈利管理，以概算、预算、核算、决算为核心支柱，搭建起一套贯穿项目始终、把控经营成效的盈利体系。

概算作为项目经营的"先行官"，在项目启动初期便登场。概算时，需全面考量项目涉及的设备购置、原材料采购、人力投入等直接成本，以及场地租赁费用、场地管理费用、潜在风险应对成本等间接成本，综合市场供需态势、行业盈利水准与竞品价格，对项目整体损益和现金流状况进行预估式"素描"，勾勒出盈利大致的轮廓。此时，约八成的项目成本结构初定，如同为项目定下盈亏"基调"，为企业决策项目商业决策与否提供关键依据。

预算是概算精细化的结果。预算时，围绕项目交付计划与合同约定，将收入、成本按实施阶段拆解：在收入规划层面，明确里程碑节点对应的收款额度，挖掘潜在增值服务收费契机；在成本把控层面，详细列出人、财、物各项开支，大到大型设备租赁费用，小至办公用品采购价格，以精细规划指引项目资源合理调配，如绘制项目执行"行军路线图"，保障经营有序、盈利可期。

核算恰似项目运行中的"财务管家"，在项目实施过程中进行实时跟踪记录。核算时，借助专业财务软件与信息化手段，精准统计物料领用、人力工时消耗、款项收付详情，将实际成本与收入动态呈现，及时发现成本超支"病灶"、收入滞后"隐忧"，让项目管理者手握"手术刀"，从而精准调整策略、堵塞漏洞，确保项目财务健康运转。

决算是项目结束前的全面复盘。决算时，把实际收支、利润数据与概算、预算详尽比对，深挖差异根源，剖析差异是成本预估偏差、市场行情异动，还是执行管控不力所致。企业通过沉淀经验教训，为企业成本基线校准、流程优化添砖加瓦。

（2）业务级

业务单元一般是利润中心，例如华为的SPDT就定位为利润中心；有些业务单元不是利润中心，而是成本中心，例如人力资源共享中心。作为利润中心的业务单元需要构建盈利管理体系：从前端发力扩大盈利空间，从中后端降低成本。

构建盈利管理体系，首先要精细打磨商务模式与定价规划。商务模式恰似业务运作的"底层算法"，选择商务模式时需深度剖析目标客户群体、市场痛点以及竞品格局。针对需求小众但专业的领域的业务单元，可采取以定制化服务为主导的商务模式，如为高端科研实验室提供专属实验设备定制与维护服务，聚焦高附加值服务，摆脱同质化低价竞争泥沼；而大众消费向的业务单元，则可以规模化、标准化运营来摊薄成本、提升效率，如快消日用品业务单元凭借高效供应链与广泛分销网络赢取利润。

定价策略是实现盈利的杠杆，业务单元要依据业务特性灵活制定定价策略。成本加成定价策略可确保盈利底线。精准核算原材料、人力、运营等各项成本后，按合理的利润率定价，能为稳健型业务单元筑牢根基，比如传统制造业依据严格的成本核算制定产品售价。市场导向定价策略则紧盯竞品与客户敏感度。新兴互联网软件业务单元常参考竞争对手产品的功能与收费方式，结合自身优势进行差异化定价，或以低价抢占市场份额，或以高价彰显品质，通过划分基础免费功能、高级付费功能等层级，满足不同消费层级的需求。

定价策略作为商务模式管理核心，同时管理价值与价格的沟通就是决定是否成交的关键工作。这项工作堪称一门艺术，直接关系到客户购买意愿。业务单元要善用营销话术与可视化展示，将无形价值有形化。对于提供复杂技术解决方案的业务单元，可制作案例对比手册，详述为客户节省成本、提升效率的量化成果，提供已经商用的客户案例，凸显价格背后的超值回报；线上业务单元可借助短视频、直播，拆解服务流程、展示专业细节，化解客户对价格的疑虑，让客户认知到"一分价钱一分货"。

在执行层面，市场反馈与财务指标是"校准仪"。业务单元应定期收集客户对价格的看法、竞品新动态，灵活微调定价策略；密切关注收入、成本、利润率走势，对盈利表现不佳的环节，优化流程、削减成本。

各业务单元在这些环节协同发力，就能精准捕捉利润机会，以业务单元的"微盈利"汇聚成公司的"大盈利"，让公司在商业浪潮中稳立潮头，驶向持续实现盈利的彼岸。

（3）公司级

公司经营就看三张表——资产负债表、利润表和现金流量表，这三张表恰似公司财务状况的"三面镜子"，协同映照出盈亏全貌。资产负债表体现公司在某一时刻的"家底"，资产展示公司拥有的资源（如固定资产、存货、应收账款等），负债和所有者权益揭示资金来源，反映财务结构稳健与否；利润表则是反映一段时期内经营成果的"成绩单"，从营业收入开始，扣减成本、费用、税金等，得出净利润，直观呈现盈利水平，是衡量盈利性的核心报表，助公司明晰产品或服务获利能力、成本管控成效；现金流量表记录经营、投资、筹资活动现金进出，其中经营活动现金流量尤为关键，即便利润表表现亮眼，但若经营活动现金流量长期入不敷出，公司可能陷入"纸面富贵"的困境，盈利质量存疑。公司唯有三张表良性互动、数据健康，才有望迈向持续实现盈利的正轨。

从"纸面富贵"到真正富贵，公司级盈利管理离不开数据这一"燃料"。华为数字底座项目着眼于打破内部各个部门的"数据孤岛"。过去，各部门因系统独立、流程有别，数据分散存储、格式繁杂，似一盘散沙，难以形成合力服务公司战略决策与高效协同运营。于是，华为的 CFO（Chief Financial Officer，首席财务官）带领团队开启变革征程，整合来自研发、销售、供应链、售后等多环节的海量数据，统一接入公司级数据池。这一数据池如同"数据中枢"，通过标准化规范梳理，将碎片化的数据重新归拢，不管是通信基站研发参数、全球销售订单详情，还是物料供应链流转信息，皆按照统一数据架构有序存放，为数据交互、分析挖掘筑牢根基。

财务管理"四统一"是这个工作的核心。流程统一，重塑端到端财务流程，从预算编制、费用报销到财务报告生成，通过标准化作业消除人工操作差异，提升效率、防控风险；制度统一，制定全球通用财务规范，国内外子公司遵循统一的会计准则、内控要求，保障财务合规稳健；编码统一，为物料、项目、客户等建立统一编码体系，信息检索、数据统计、成本核算精准高效；监控统一，搭建智能监控平台，实时洞察财务异动，发现资金流向、成本异常，及时预警纠偏，以数字化规范财务秩序，赋能公司精准决策、稳健获取盈利，于全球商海破浪前行。

按照 2007 年 IBM 为华为做的预测，如果销售收入达到一千亿美元，华为需要 36 万人，实际上后来华为营收达到一千亿美元的时候，公司人员规模只有 18 万人。这背后的核心手段其实就是把资源池建立起来，加强部门之间的结算。华为通过不同部门之间的结算，降低重复性的投入，基于人才池实现人才的灵活共享，降低公司总成本。结算就是可实现盈利与可管理之间的控制器，解决公司内部跨部门资源调用成本过高的难题。

华为已经全面构建区域财经组织，华为全球的财经人员有 8000 人左右，其中驻海外人员约占总人数的 50%，海外本地员工约占总人数的 25%。华为财经体系目前已覆盖 14 个地区部财经组织、7 个财务共享服务中心（Shared Service Center，SSC）和若干专家中心（Center of Expertise，COE），为 170 多个国家和地区的 110 多个代表处提供财经服务。

在运营管控上，管理层依托数据库或数据仓库汇总数据，生成盈利可视化"数据驾驶舱"，一眼就可以穿透公司各环节运营实况，从财务营收、项目进度到市场份额变动，精准把控全局态势，从"拍脑袋"决策转向"数据驱动"决策。让华为在全球科技竞争丛林稳健穿梭，持续释放创新活力与运营效能，彰显由数字底座支撑的强大韧性与竞争力。

6.2 规模化盈利突破

为什么任正非一直强调要聚焦主航道业务呢？因为华为每增加一个新的业务单元，就给管理系统增加几千个管理节点，对管理系统来说，业务纵向布局越深入，那么横向扩张就越不易。企业可以通过参考华为当年规模化盈利突破的发展历程，来审视自身的盈利管理能力。

通常情况下，一个业务首先要实现盈亏平衡，才能谈规模化盈利突破。实现盈亏平衡是企业实现盈利的关键"起跳点"。企业需精准核算固定成本（厂房设备租金、管理人员薪酬等不随产量变动的成本）与变动成本（原材料成本、直接人工成本等随产量线性变动的成本），依据产品售价确定盈亏平衡点产量或销售额。例如一家制造企业，每月固定成本10万元，单位变动成本50元，产品售价100元，用公式（固定成本÷（售价－单位变动成本））算出每月盈亏平衡点产量为2000件，销售额20万元。企业可通过提高销量（如开展促销活动）、降低单位变动成本（如优化生产流程）、合理分摊固定成本（如提高设备利用率）、调整产品定价策略等手段，推动实际业务量超越盈亏平衡点。

企业实现规模化盈利突破的关键在于两点：第一点，打造可实现盈利的经营底座，没有经营底座的企业是无法规模化成长的；第二点，掌握如何打造经营底座才能"德才"兼备。

6.2.1　什么是可实现盈利的经营底座

企业的经营六要素包括机会、增长、投入、回报、效率和风险。为了有效支撑这些要素，企业需要一个可实现盈利的经营底座（见图6-2）。

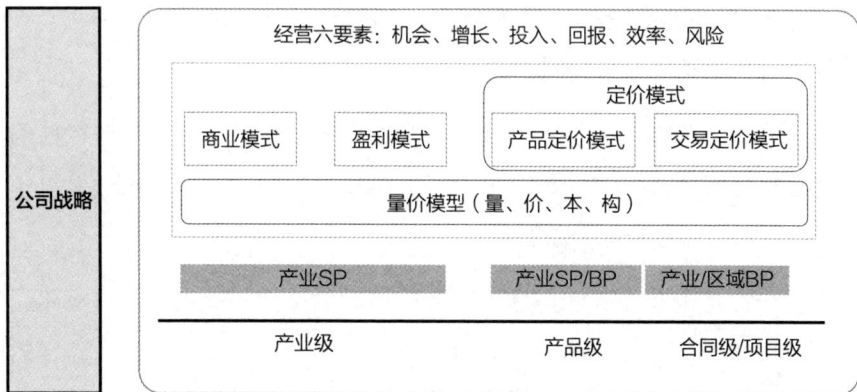

图6-2　可实现盈利的经营底座

商业模式是经营底座的关键组成部分，这部分包括定价策略，定价策略是实现盈利的杠杆。商业模式决定了企业如何创造、传递和获取价值等。一个良好的商业模式能够精准定位销售属性，打通市场通路，合理配置资源和发展合作伙伴以实现增长，同时有效控制投入成本。销售属性决定了业务做生意的模式，例如针对大客户的商业模式与针对小客户的商业模式差异比较大。

盈利模式直接关系到企业的回报。它明确了企业从何处获得收入，以及如何将投入转化为利润。通过合理的盈利模式，企业可以在不同的业务环节中找到盈利点，例如通过产品销售、服务收费、授权许可等方式获取回报。盈利模式需要与企业的核心竞争力相结合，确保企业在市场竞争中能够持续获得利润。

定价模式包括产品定价模式和交易定价模式，其对企业的收入和利润有着至关重要的影响。产品定价模式需要考虑成本、市场需求、竞争状况等因素，交易定价模式则要考虑交易的规模、频率、复杂性等。合理的定价模式能够确保企业在获得足够回报的同时，提高市场竞争力，促进业务增长。

量价模型是华为商业成功的底层逻辑。随着产品与技术变化，一个新的技术应用在达到量产阶段后，成本就会大幅下降。华为新产品使用的是量产价格，即使刚开始的时候是亏损的，通过使用量价模型也能够全面实现盈利。产品或服务一旦完成市场验证，华为会以最快速度实现规模化量产，并用量产价格快速吸引客户复购，进一步提高销量。

华为成本的降低，不仅来自对每一个生产和运营环节的成本进行精确核算，还包括规模化生产、非核心环节外包、高效供应链管理、流程化管理带来的结构性降本和端到端成本的降低。

报价结构是企业在制定产品或服务价格时的框架，关键要素有成本、利润、市场和竞争、附加值等。华为早期卖设备，一次性成交比较多，这样的报价结构存在较大的资金风险。随着华为转型卖解决方案，业务的报价结构为"软件＋硬件"，华为可以通过 License 控制客户的使用量，降低客户一次性投资金额与数量。在报价结构上，华为提供订阅和按需付费等多种模式，降低与客户做生意的难度。

以上各个模块共同组成对准经营六要素的经营底座，也是经过实践验证的盈利管理框架。缺少这样的经营底座，就不可能实现规模化盈利突破。

6.2.2　如何打造经营底座才能"德才"兼备

企业需要打造经营底座，从产业、业务、产品、部件、区域等多个维度提供报价对象、报价项，从而明确定价模式。定价模式关注的是定价策略，支撑定价策略的是数据，包括定价预测数据、产品数据、成本数据、合同数据、交易数据等。

就合同数据这一项而言，其管理难度就很大，而合同质量决定80%的利润。整个华为有11个部门在看合同、读合同，读完合同，会对合同信息进行解读，其实大家都在做重复的工作。最后根据华为财经体系变革项目组的要求，所有的合同信息统一由一个人来管理、由一个部门来录入，其他所有部门来调用，录入部门要对合同的质量、及时性负责。这就是一点录入，多点调用，这为华为后来整个数字化转型奠定了基础。

梳理经营数据也是一个不小的工程。这里要实现财务经营数据的归结和结算，涉及产品数据和组织数据。产品树要按照产业维度、产品维度一直细化到销售场景下的报价项，产品的每个数据都不能出错；产品数据和财务编码之间要形成对应关系，才能让业务单元实时看到销售情况。组织层面的数据，就按照组织层级、团队的设定，每一层和财务编码形成对应关系，这样每个月的经营分析会上，业务单元、上级组织就可以看到哪些团队完成了目标，哪些没有完成。

华为建设经营底座的过程分为两个阶段。第一个阶段，聚焦数据准确性，从机会点到回款、项目预算和核算、总账、采购到付款四个维度进行数据建设，以项目为颗粒度，加速现金流入，实现损益可见、经营风险可控。第二个阶段，聚焦项目经营管理，实现经营报告预分析和计划预算测算的能力建设。华为构建了三维的经营单元损益表，每个月，由于要输出三维报表，整个财经团队会输出1300张报表。就在这一个变革点上，项目组总共花了10个亿，其中将近 6 个亿全部投入 IT 和数字化建设，就是为了支撑组织之间协同，以及高效地支撑组织的自主经营、独立核算。华为经营底座建设方法如图 6-3 所示。

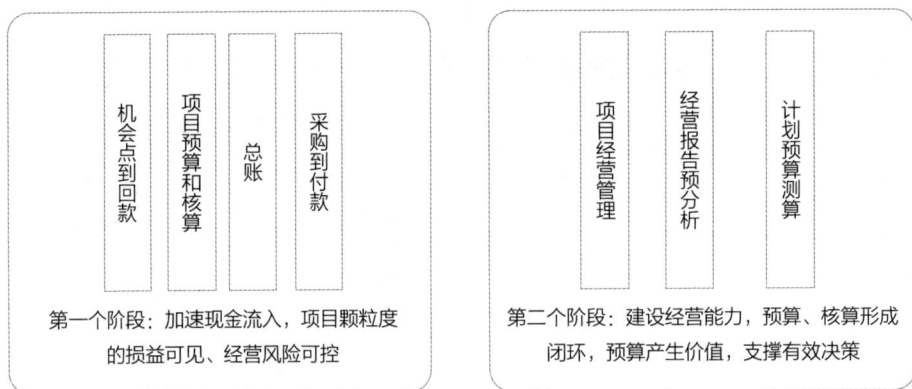

图 6-3　华为经营底座建设方法

经过多次变革后的华为财经体系，已经实现从职能财经体系到战略财经体系的转变，能够为业务盈利能力提供价值整合。财经体系最大的优势之一在于拥有大量的业务数据，基于业务数据的分析与决策是企业价值管理非常重要的基础。面对市场环境的不确定性，财经体系在关注和理解商业模式、企业战略、组织机构、业务设计、产品竞争、员工绩效管理、客户谈判与沟通等的前提下，从信用、资金、预算、税务、融资、会计、外汇等各个领域进行资源整合，帮助企业有效创造客户价值。

6.2.3　基于经营底座实现规模化盈利突破

华为耗费巨大的财力和物力，实现财务变革、产品管理变革，最终打造出基于数据底座的企业经营底座，为商业投资决策提供了极大的支撑。但正是华为以为自己非常优秀的时候，华为才发现：与全球领先的竞争对手相比，自己的规模化盈利还是个问题。

2012 年，华为年度营收规模已经超过爱立信，但华为内部的运营效率还未达到爱立信的水平，为此华为展开与爱立信的对标工作，发现爱立信作为一家存在 100 多年的老牌设备供应商，其运营效率高的关键不在于供应链环节，而在于产品和服务标准化。爱立信产品标准化率达到 80%，标准化产品售价比定制化产品低 30%。爱立信对产品配置、服务新建、扩容、软件、硬件进行规范化管理，使得企业运营效率最大化。

研究表明，爱立信规模化盈利能力来自大批量销售标准化的产品和服务。华为为此开展专项工作，凡是在销售系统里调用率比较低的报价项、产品，都要被追溯，进行整改。2013 年，我还是华为全球培训中心战略发展部的一员，我所在的团队当时的产品销售调用率只有 10% 左右，在一次整改工作中，我们可能下架了上百个可被销售的编码。经过数月的调整，产品颗粒度优化，产品销售调用率提高到 30%。

由此可见，规模化盈利突破不是一朝一夕就能实现的，而是一项系统化的工程。从产品设计到盈利模式、产品定价模式、交易模式，经过反复打磨和优化后，一个业务单元才能逐步从小规模实现盈利，发展为大规模实现盈利。

第七章

构建全球化飞轮

7.1 企业需要什么样的飞轮

过去，企业间的竞争主要围绕产品质量、价格和渠道展开。然而在数智时代，数据成了企业新的核心资产、竞争要素。企业之间不仅要比拼产品本身，更要在数据的收集、分析和应用能力上一较高下，企业还要应对新媒体带来的网络效应。例如，电商平台通过对用户浏览、购买数据的深度挖掘，能够实现精准营销，为用户推荐个性化的商品，进而提高用户的购买转化率和忠诚度。不能掌握电子营销能力的企业会落伍。

新的商业模式和技术应用层出不穷，预付费、后付费、无感支付等模式不断涌现，企业必须全力以赴构建动力系统，快速形成商业价值循环。以移动支付为例，从现金支付到扫码支付，再到如今的无感支付，技术创新的周期越来越短，这就要求相关企业不断推陈出新，否则很容易被市场淘汰。商业正在以前所未有的速度进行创新，而企业飞轮并未过时，这究竟是什么原因？

7.1.1 在数智时代重新认识企业飞轮

企业飞轮是企业的动力系统。外界商业环境在不断变化，而组织运作可能越来越僵化，在此基础上构建企业飞轮的难度可想而知。以传统零售巨头沃尔玛为例，其试图构建数智驱动的飞轮以强化竞争力。首当其冲的是技术融合难题，沃尔玛门店遍布全球，老旧收银、仓储设备繁多，欲升级植入智能支付、库存管理系统，却受限于设备不兼容、网络铺设成本高等，系统更新缓慢，难以实现全链路数据实时采集与分析，阻碍企业基于精准数据进行运转。

数据整合与运用也成了"拦路虎"。沃尔玛内部线上线下销售、物流配送等数据分属不同部门，格式、统计口径杂乱，整合时协调难度大；外部与电商平台、供应商共享数据时，隐私保护与合规要求严格，数据互通受阻，致使依托海量优质数据优化选品、精准营销的飞轮"燃料"不足。

在组织架构层面，沃尔玛原有的等级森严的体系根深蒂固，基层反馈滞后，跨部门协作僵硬。打造生鲜配送业务飞轮，需采购、仓储、配送部门无缝协同，可各部门遵守旧规，变革缓慢，影响服务响应速度，拖慢飞轮整体运转节奏。

新兴的企业构建飞轮就是为了找准细分场景下的客户需求，利用飞轮的增强回路实现正向商业价值循环，提高客户忠诚度，达成复利效果。

例如吉姆帮助过一家生产运动产品的中小企业——吉瑞构建飞轮，并实现商业价值循环。自行车头盔是这家企业的一种产品，不同于普通消费品的广告，这类产品通过传统的电视或其他广告媒体，都得不到很好的广告效果。在吉姆的建议下，这家企业把自行车头盔提供给环意大利自行车赛的运动员，吉瑞的自行车头盔轻盈而且结实，造型时尚，于是其口碑从专业运动员群体被扩散到自行车爱好者群体，最终获得市场主流客户群体的认可。吉瑞飞轮如图7-1所示。

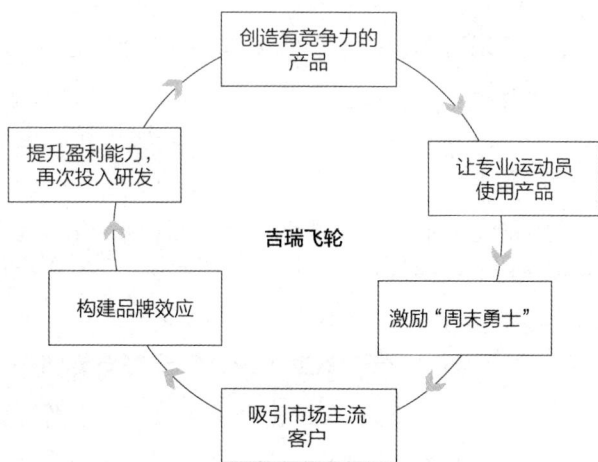

图 7-1　吉瑞飞轮

吉瑞的故事告诉我们，只有精准触达潜在客户群体，才能构建商业价值循环。对企业来说，无论是否身处电子商务时代，研发和制造有竞争力的产品，就是为客户创造价值，这是第一步，也是构建飞轮闭环非常重要的一步，做好这一步才能构成稳健的业务流。华为虽有千亿营收规模，但整个业务体系用三个客户场景就可以描述完：连接、计算、终端。华为刚刚成立时，主营信息传送业务（也叫作管道业务），主要客户是运营商。后来从"连接"扩展到"计算"，学习亚马逊的云服务业务，为企业客户提供弹性计算服务，是华为高科技研发能力强化的结果，也是科技趋势驱动的结果。此时华为新增了企业客户群体，但企业业务单元的人员规模并未出现爆炸性增长，体现组织能力的自然延展。与此同时，华为为了扩大管道业务，开始涉足终端业务，在智能能力支持下，华为业务流不断做大做强，形成"端管云"的良性循环。

在华为，即使是新开发的业务场景，最开始的时候都是在内部先孵化产品，形成商业价值循环后才剥离出去作为独立的事业群。企业可使用价值流开发四步法，深挖客户场景，为客户创造价值。

第一步，价值分析与识别：明确价值驱动因素。起初，华为深入洞察终端市场，剖析消费者痛点与需求趋势。当时的智能手机市场，手机拍照质量参差不齐、续航短板凸显、系统流畅性待提升。华为精准识别出关键诉求，将影像功能、电池续航、自研芯片驱动的系统流畅体验确立为核心价值驱动因素。以影像功能为例，华为捕捉到大众对手机摄影从"能拍"向"拍好"转变，拍摄画质、夜景拍摄、长焦效果等成为发力要点，这驱动华为持续投入研发，开启构建独特价值征程。

第二步，价值结构化：围绕确定的价值驱动因素，构建多维度价值体系。在硬件上，华为整合光学镜头、图像传感器、影像算法形成影像实力架构。与徕卡等专业厂商合作引入高端镜头工艺；自研超感光传感器，以捕捉更多细节；再配合独家 RYYB 滤色阵列算法提升进光量，从不同层面强化拍照价值。在软件上，鸿蒙系统打造简洁流畅交互体验，分布式技术实现跨设备无缝协同。软件与硬件协同配合，宛如精密齿轮组，把影像、性能、交互等价值驱动因素有序组合，各部分相辅相成、缺一不可，搭建稳固价值框架支撑业务运转。

第三步，价值量化：华为终端业务借助量化指标衡量价值产出。在影像功能方面，用专业评测机构跑分、消费者实际拍摄样张评分量化拍照提升效果；对比竞品，在暗光拍摄纯净度、变焦倍数清晰度等指标上，展现数值优势。续航功能以电池容量、快充功率及充满电耗时量化，如 Mate 系列手机采用大容量电池结合高功率快充，以量化数据直观呈现给消费者，展现长续航、快速充电实力。系统流畅性用应用冷启动速度、多任务切换时延等指标凸显鸿蒙系统的高效。这些量化成果成为产品宣传、市场竞争"硬通货"，彰显价值。

第四步，价值分享：在价值收获阶段，华为与多方共享成果。对消费者，用高性价比产品传递价值，收获口碑与忠诚。与开发者共享鸿蒙生态，开放接口、提供支持，开发者创造丰富应用，反哺系统，扩展价值边界。产业链上，共享订单、技术助供应商成长，如支持芯片代工厂提升工艺，在稳定供应的同时强化产业协同。华为借价值分享加固价值流闭环，驱动终端业务持续领航、稳健前行。

华为商业价值循环如图 7-2 所示。

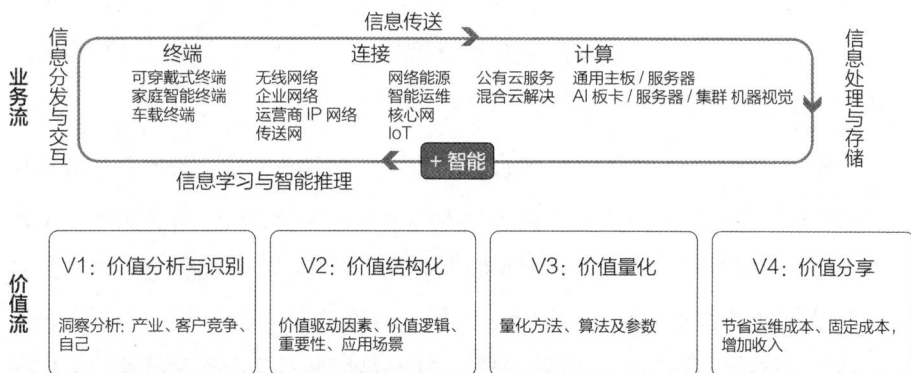

图 7-2 华为商业价值循环

虽然华为的终端和企业事业群的两次商业裂变，都比外部预期的来得晚一些，但却创造了史无前例的商业成功。商业裂变不能操之过急，只有当价值流和业务流彼此支撑，可以形成商业价值循环的时候，才能做业务裂变、组织裂变、人才裂变，否则没有完成商业验证的核心业务，往往胎死腹中，无法形成真正的商业竞争力。

7.1.2 没有价值定位就不能建飞轮

吉姆提出的飞轮理论照亮了商业闭环管理与创业快速发展之路，特别是民营企业，在资源不够充足的情况下，一个商业闭环就可以解决资金循环不够快的问题；而华为所展现出的商业价值循似强劲引擎，源源不断输出惊人能量。二者相辅相成，一个构筑起坚实"骨架"，另一个赋予鲜活"血肉"，共同诠释着企业成功的底层逻辑，而这一切的根基，在于明确企业的价值定位。

吉姆的飞轮理论，核心在于洞察企业战略优势，以及各环节间的协同势能（因果关系）。以那些受其启发而蜕变的企业为例，一家传统餐饮连锁企业，在陷入扩张与盈利困局时，借助飞轮理论深入剖析。该企业明确的价值定位是为都市白领提供快捷、健康且性价比高的工作餐。基于此，前端的食材采购便聚焦新鲜、批量集中采购以控制成本；厨房优化运营流程，提升出餐速度；营销端选择在写字楼周边推广，吸引目标客户群体。该企业通过采购优质食材、低价保障菜品性价比，吸引更多食客，食客增多促使采购议价能力更强、运营更高效，环环相扣，逐步推动企业营收增长、品牌影响力提升，成功打造商业闭环，实现飞轮高速转动、规模迅速扩张。

再看华为，其商业价值循环蕴含着深邃智慧与磅礴力量。华为在通信与科技领域坚持价值定位——把数字世界带入每个人、每个家庭、每个组织，构建万物互联的智能世界。华为每年坚持将营收的10%投入研发侧，在2019年之后这个投入数据占比达到30%以上，广纳全球顶尖人才攻克5G、芯片、鸿蒙系统等核心技术，构建技术"护城河"；在产品层面，依据不同行业、客户需求，量身定制通信方案、智能终端等产品，将研发成果精准嵌入；销售与服务紧随其后，在全球铺设网点，为客户提供长期运维保障。技术优势铸就产品的硬实力，产品赢得口碑与市场份额促进营收增长，营收再反哺研发体系，循环往复，让华为在全球市场站稳脚跟，展现出惊人的商业爆发力。

然而，倘若缺失精准价值定位，这一切辉煌都将化为泡影，飞轮构建更是无本之木。企业若不清楚自身为谁创造价值、创造何种独特价值，各运营环节便如一盘散沙。采购盲目开发供应商、研发偏离靶心、营销无的放矢，别说形成协同增效的飞轮，就连基本生存都举步维艰，企业可能陷入低价竞争红海，或在小众市场无人问津，商业闭环断裂，错失发展良机。

可见，价值定位是企业构建飞轮、打造商业价值循环的基石。很多企业都在学习吉姆的飞轮理论与华为商业实践的精华，立足市场，深挖自身优势与目标客户场景，锚定价值坐标，以精准价值定位为笔，绘就企业商业闭环管理、高速发展的宏伟蓝图。那么如何找准企业的价值定位呢？以下分享一种价值定位法（见图7-3），其思想结合了吉姆的愿景定位法和华为的商业价值循环法，在实战方面具备可操作性。

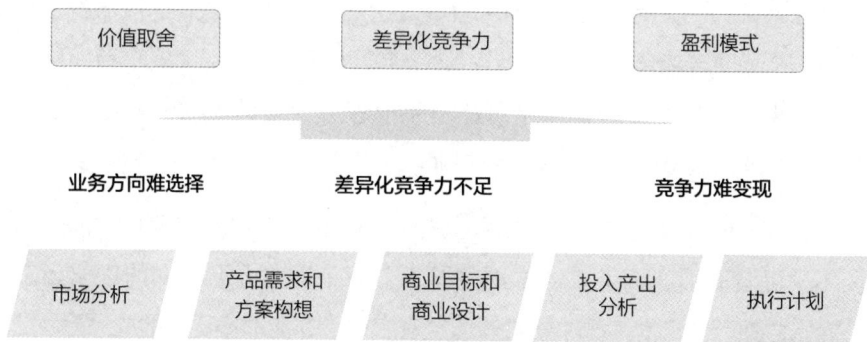

图7-3　价值定位法

一些企业的管理团队，在企业专业领域的业务能力很强，但却在商业价值管理能力方面有欠缺，甚至都没有将客户场景作为企业的重要资产来管理。例如，在商业价值分析上投入过少，是不少民营企业追求商业结果过程中的软肋，其通常面临的问题有投入产出不成正比、业务差异化竞争力不足、竞争力变现困难等。

一个和价值定位息息相关的问题是业务方向难选择。分明是先有客户场景，再有业务发展，但不少企业反其道而行之。例如一家在线教育企业，明明可以把线上和线下教育相结合作为最重要的拓客场景，但由于组织内部的割裂，成立了两个业务部，一个单独负责线上教育，另外一个单独负责线下教育，其商业结果可想而知。从客户视角看，分明是线上和线下教育相结合，才能让客户价值最大化。这样舍本逐末的做法，其根源是企业价值定位不准。

价值定位法作为一套行之有效的方法，包括市场分析、产品需求和方案构想、商业目标和商业设计、投入产出分析、执行计划这五部分。在市场分析阶段，关键步骤是客户价值场景分析。企业应结合技术和商业趋势进行分析，规划面向未来不确定性的商业发展路线，结合中长期的客户需求来识别客户价值场景。如果是 2B 业务，只有和客户进行深入战略对标后才能明确面向未来的前瞻性需求。如果是 2C 业务，则需要在调研数据和咨询机构报告等数据基础上，分析识别客户的高价值场景。

在客户价值场景的识别上，需要外部视角和行业明白人的支撑，为企业商业管理注入活力。只有清楚识别客户场景，才能针对多个客户价值场景制定客户策略，从而进一步做客户价值场景监控与策略审视或验证。追求商业价值的全面性和创造性，基于设想未来可能发生的各类场景做出业务判断和投资决策，从更大范围做出战略指引和商业规划。

价值定位看起来简单，但实则是企业"全科医生"级别的人员才能干的工作。不少民营企业在商业人才方面的匮乏，也是影响企业发展的重要因素之一。除此之外，这样的工作需要内外部专家协作，才能取得更好的成果。

7.2 如何打造全球化飞轮

伴随着时代的发展，中国一批接着一批企业，在新能源汽车、家电、消费品、工业品、生物医疗以及餐饮等众多领域提出全球化发展目标。这些企业不仅展现出了强大的实力和勇气，更以积极进取的姿态参与国际竞争。

在这个过程中，中国的出口业务发生了显著而深刻的变化，实现了从单纯输出产品到全面输出产业能力的重要转变。这意味着中国企业不再仅仅是销售产品，而是将包括研发、设计、生产、营销、服务等在内的一整套产业能力向海外拓展和传播，这也体现了中国企业价值定位的变化。这种转变不仅提升了中国企业在国际市场上的竞争力和影响力，也为全球产业的发展注入了新的活力和动力。

全球范围内存在着将近200个国家，每个国家在不同的行业领域中都有着各自的市场特点和独特需求。在如此广袤且丰富多样的国际市场上，用户规模和市场总量庞大，再加上外贸关税政策的变化，不少企业在全球化探索之路上不断遇阻。接下来围绕如何打造全球化飞轮展开介绍。

7.2.1 内生式人才与飞轮构建者

每个企业需要构建的飞轮是不一样的，而吉姆介绍的构建飞轮的方法，其实一开始就是面向全球化市场的。

在构建飞轮时，吉姆要求每个企业思考一个问题：从全球范围来看，你的企业什么是最好的。企业从创立之初就应具有全球化视角，这样企业才具备更大的发展空间和动力。只有市场足够大，才能在战略方向上不断深挖，而区域的本土化市场空间始终是有限的。没有完成飞轮构建的企业过早开始进行商业裂变，只能分散企业的资源和能力，最终让企业走向衰退。

吉姆在芝加哥的面对面课程现场，开场的20分钟内，一直强调一件事，那就是人才。当时在现场时，我以为大部分企业都能充分认识人才的重要性。直到我在浙江省某化工企业（下面简称M公司）遇到这样一个问题：M公司的产品已经超越美国某个竞争对手，而且由于产品不符合环境保护要求，其竞争对手已经宣称退出这款产品的市场，但两年以来，M公司仍然无法按预期进入美国市场，当前M公司只在东南亚、欧洲局部市场有突破。M公司无法实现海外规模化突破的根本原因，就是缺乏商业人才，对商业人才的重要性认识不足。

再次回顾华为全球化战略与商业能力构建的过程，不难发现一个规律：商业内生式人才成就华为商业价值循环，他们才是飞轮的建设者。

华为在飞轮建设方面取得成果，离不开优秀的商业人才。华为积累了几万名商业人才，而这些人才大部分都是华为业务团队自己培养出来的。华为新员工入职，首先会被安排到基层岗位锻炼。经过华为扎实的业务培训，历经涵盖企业文化、专业技能、职业素养等全方位的训战项目，加上华为"以客户为中心"的商业解决方案培训，一批又一批的技术工程师转型成为商业工程师，提升华为商业人才的密度。

除此之外，华为加大技术人才的获取力度，构建强大的人才池，为商业人才与技术人才之间的转岗提供了足够空间。华为不仅从外部发展了1000多名世界级的科学家，使其成为华为"向上捅破天，向下扎到根"的新生力量，而且还充分挖掘内生式人才，大大提升了华为的全球化人才密度。任正非加大在全球设立研发中心的力度，吸引当地顶尖科技人才加入华为，促进技术交流与创新。同时，任正非鼓励华为的研发团队与全球的高校和科研机构开展深度合作，共同攻克前沿技术难题，提升华为在核心技术领域的竞争力。任正非认为，在持续引入高端专家的同时，华为的高级管理者和专家也要突破局限，每年走出去与世界交流，不能只知道埋头苦干，要善于用一杯咖啡吸收宇宙能量。

华为高度重视内部人才的能力发展，而这种能力发展往往通过人才内部流动实现。例如，华为要求在海外某一区域常驻不能超过5年，超过5年的人就要换到其他区域。特别是向一线倾斜的人才循环机制，成为华为组织全球化的坚实后盾。

7.2.2　如何打造全球化人才循环系统

早些年，华为把优秀的人派往海外，采用物质激励和精神激励，吸引不少人员到海外奋斗。海外员工是冲锋陷阵的先锋队，他们面临着文化差异、市场开拓艰难等诸多挑战。为了激励海外员工长期奋斗，华为设立了"天道酬薪奖"，这一奖项如同黑暗中的明灯，照亮了海外员工砥砺前行的道路。

从物质激励层面来看，这一奖项意味着丰厚的回报。对于长期在海外工作的人员，经济上的奖励能够有效地缓解他们在异国他乡的生活压力，同时也是对他们辛勤工作的直接肯定。例如，一位在非洲艰苦地区负责通信基站建设的员工，他需要克服恶劣的自然环境、不稳定的社会局势等困难。当他获得"天道酬薪奖"时，奖金可以让他在深圳购买房子，为他长期坚守岗位提供坚实的物质保障。

从精神激励层面来看，"天道酬薪奖"是一种极高的荣誉。在华为这样一个人才济济的企业中，能够获得这一奖项，是对海外员工能力和忠诚度的高度认可。它代表员工在海外工作中的卓越表现得到了公司的重视，让他们在心理上产生强烈的归属感和成就感。这种精神激励能够转化为强大的工作动力，促使员工在海外岗位上继续发光发热。

例如，对在海外艰苦地区工作的员工，华为会发放艰苦补助，一天的补助金额可能高达 150 美元，而在海外发达地区工作的员工的生活补助则刚刚够生活食宿所用，这样就有不少人愿意去艰苦地区工作。但这些在海外工作的人员经过常年艰苦奋斗后，回到国内，国内可能没有岗位空缺，不少管理者还出现降级就职的情况。这样华为就出现人才板结的现象，国内优秀的人才出不去，海外有一线经验的人才回不来。

华为为了满足全球化业务发展，拿出一套激励的组合拳来解决人才流动不畅的问题：在人力资源层面利用政策的牵引，在业务运作层面评估具有全球化经验的人员，让他们在晋升方面得到优先选拔权。这样的人才循环机制，类似一个人才飞轮，不断推动业务进步。

在政策层面，华为的人力资源体系做出了明确规定：海外常驻工作经验是关键岗位晋升的必要条件。这一举措具有深远意义。对于国内人才而言，它激励着他们主动寻求海外发展机会，将自身的专业知识和技能带向国际市场。在海外工作过程中，他们能够深入了解不同文化背景下的市场需求和商业运作模式，拓宽国际视野，提升跨文化沟通和管理能力。例如，一位在国内表现出色的技术骨干，为了寻求职业上的进一步发展，主动申请前往海外事业部。在海外常驻期间，他不仅参与当地项目的技术研发，还与当地团队紧密合作，学习到了不同的技术理念和创新思维，自身能力得到全方位提升。

同时，华为的人力资源业务合作伙伴每年会对海外常驻人员进行审视。那些取得关键商业结果的人员会被纳入高潜人员名单。这一做法为人才去海外奋斗提供了强大的动力和保障。他们在海外工作时，深知自己的努力和成果会得到公司的高度认可，从而更加积极地投入工作，为公司创造价值。当这些海外人才回归国内时，他们丰富的海外经验能够为国内业务带来新的思路和方法。

在干部任用和关键岗位匹配方面，华为会向具有海外工作经验且取得突出成绩的人员倾斜。这不仅确保了公司关键岗位由具备国际化视野和能力的人才担任，也让海外人才感受到公司对他们的重视和认可，提升他们对公司的忠诚度和归属感。

通过全球化人才循环系统（见图7-4），华为在全球范围内实现了人才资源的优化配置。国内优秀人才走向海外，传播华为的技术和文化，拓展国际市场；海外人才回归国内，带回先进的理念和经验，推动国内业务创新。这种人才的双向流动，就像血液在人体中的循环一样，为华为这一商业巨舰注入源源不断的活力，使其在全球科技和通信领域保持领先地位，乘风破浪，勇往直前。

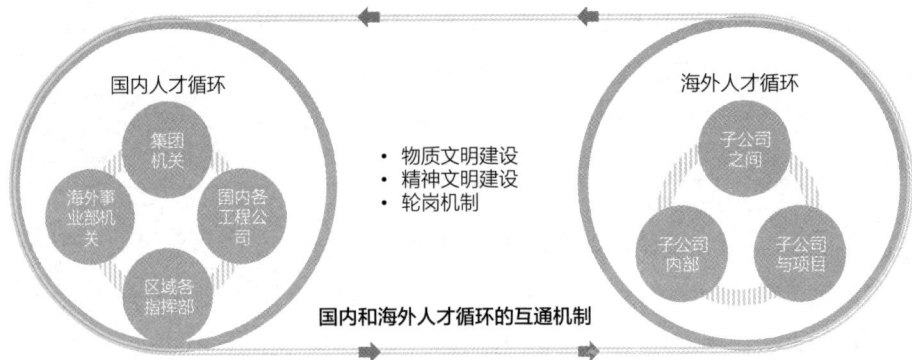

图7-4 全球化人才循环系统

7.3　让飞轮旋转起来

比尔·盖茨曾经说过，只要拿走 20 位顶尖人才，微软就会变成一家平凡无奇的企业。这说明顶尖人才对微软的重要性，同时也体现了顶尖人才的稀缺性。吉姆认为，人才优于愿景，识别具备领导力潜质的人才对企业建设飞轮来说至关重要。

企业飞轮是集中整个企业的优势构建起来的一个动力系统，这一动力系统的构建是长期性行为，而非短期之功。吉姆认为，第五级经理人能够以其人才特质成为推动企业飞轮旋转的核心力量。他们的存在能够带领企业在复杂多变的商业环境中稳健发展，让企业实现从优秀到卓越的跨越。

7.3.1　什么样的人才能旋转飞轮

在企业管理领域，吉姆提出五级经理人体系，其中第五级经理人被视为能够驱动企业飞轮旋转的关键力量。

五级经理人体系呈金字塔结构，位于顶端的第五级经理人兼具谦逊与坚定意志。他们不会将成功归功于自己，却有着钢铁般的决心带领企业走向卓越。

Telecare 公司的巴卡尔就是这样一位具备第五级经理人素质的人才。在她接手 Telecare 时，公司面临着诸多困境：医疗保健和精神诊疗市场巨大，但这家公司成熟的产品或方案并不多。巴卡尔并没有一上来就大肆宣扬自己的宏伟愿景，而是深入了解公司的运营情况，与各级员工交流。她展现出谦逊的一面，虚心学习和倾听，同时又有着强大的信念，坚信公司能够走出困境。在她的领导下，Telecare 开始重视人才选拔与培养，内生式人才发展战略是实现商业战略的重要抓手。

巴卡尔是在 Telecare 成长起来的。她懂得文化不能仅作为战略的支撑，文化就是战略，文化驱动人才成长。她懂得如何授权和何时授权，并掌握构建优秀团队的方法和能力，努力构建巴卡尔 1.0 版图、巴卡尔 2.0 版图。她通过合理配置人才，让公司的各个业务环节逐渐协同起来，让飞轮开始缓慢转动。

随着时间的推移，巴卡尔从第一级经理人逐渐成长为第五级经理人，她的领导力特质充分发挥作用。她以身作则，全身心投入工作，带领团队克服一个又一个困难，直到构建巴卡尔 4.0 版图，在美国加利福尼亚州运行着 85 个项目。她激励员工朝着更高的目标努力，组织人力和其他资源高效地朝着既定目标前进。在这个过程中，企业飞轮不断加速旋转，Telecare 的商业价值得到广大用户的认可，实现企业业务增长和行业地位的提升，而她本人也入选旧金山商业名人堂。

企业家必须明白"人才优于愿景"这一理念，只有选对了人，才能做对事。特别是处于高速成长期的企业，要求人才成长速度快、人才复合度高，一个人往往干好几样专业的事情，其专业化分工和发展速度不如大型企业。企业家只有对事业保持高度的热情，相信"相信"的力量，才能带领队伍走向成功。

（1）五级经理人体系

①能力突出的个人（第一级）。

➢ 启示：企业在招聘和培养人才时，首先要注重个人能力。拥有专业知识、技能和良好工作作风的员工是企业的基础力量。企业应提供培训和发展机会，帮助员工提升个人能力，使其在各自岗位上能够做出显著贡献。

➢ 例如：在一家科技公司中，软件工程师需要具备扎实的编程技能，才能高效地完成项目开发任务。

②乐于奉献的团队成员（第二级）。

➢ 启示：企业要营造团队合作的氛围，鼓励员工为实现集体目标贡献个人才智。培养员工的团队合作精神，能够提高工作效率和增强协同效应。

➢ 例如：在项目开发过程中，不同专业的人员（如设计、开发、测试人员）需要紧密合作。乐于奉献的团队成员会积极分享知识，共同解决问题，确保项目顺利推进。

③富有实力的经理人（第三级）。

> 启示：企业需要培养能够有效组织人力和其他资源，朝着既定目标前进的经理人。这要求经理人具备良好的组织协调能力和目标管理能力。

> 例如：销售部门经理制定销售策略，合理安排销售人员的工作区域和任务量。

④坚强有力的领导者（第四级）。

> 启示：高层领导要具备全身心投入、执着追求的精神，能够为企业设定更高的目标，并激励团队为之奋斗。他们需要有清晰的战略眼光和强大的感召力。

> 例如：企业 CEO 制定企业的长期发展战略，如开拓新市场或研发新产品，并通过演讲、激励机制等方式，鼓舞员工朝着新目标努力。

⑤卓越领导者（第五级）。

> 启示：企业的最高领导者应具备谦逊和意志坚定的品质。他们要将企业的利益放在首位，不以个人名利为追求，同时在面对困难和挑战时保持坚韧不拔的毅力。

> 例如：一些行业巨头的领导者在企业取得巨大成功时，会将功劳归于团队和外部因素；而在企业面临危机时，能够冷静应对，带领企业走出困境。

（2）人才选拔与培养

①人才定义与识别。

> 启示：企业需要定义人才标准，从而明确岗位职责和对组织的关键贡献。不少企业在人才方面缺乏标准，缺乏对关键技能的定义，从而使得人才与岗位错配。

> 例如：某企业通过梳理岗位职责与人才标准，减少招聘大量普通人才的需求。往年在业务高峰期会招聘大量人才，高峰期过后人才流失严重。使用人才标准后，对关键人才进行保留，而对普通人才就可以通过外包方式分担高峰期业务，降低组织的人力刚性成本，使得企业利润由负转正。

②内部人才培养与晋升。

> 启示：企业应重视内部人才的培养和晋升，为各级员工提供上升通道。内部晋升可以激励员工不断提升自己，同时也能保证企业管理层对企业情况有深入了解。

> 例如：企业可以建设知识库，做内部经验提取，通过内部的人才流动，让成功经验传播出去；发展人才培养计划和导师制度，打造一支战无不胜的优秀队伍。

③人才梯队的全面考量。

> 启示：在选拔和评估人才时，不能仅看重专业技能，还要综合考虑团队合作精神、领导能力与发展潜力、战略眼光和个人品质等因素。

> 例如：企业可以构建人才池及人才循环系统，让人才梯队发挥出其独特的价值。只要人才密度够大，成功是早晚的事情。

（3）企业文化塑造

①面向未来的企业文化。

企业应建设卓越的企业文化，文化即战略。每个企业的一把手都需要从战略视角来构建企业文化，面向未来，组织才能充满干劲。

面向未来的企业文化，就会鼓励更多有思想、有能力的人愿意承担拓荒者的工作，组织才能进步，企业才能成功。

②目标导向与团队精神。

企业要强调目标导向与团队精神，让全体员工都能围绕企业的战略目标而努力，并且在工作中相互支持和合作。

企业可制定明确的年度目标，并将其分解到各个部门和团队；同时开展团队建设活动，能增强组织的凝聚力。

7.3.2　基于组织学习力的商业裂变

由内而外的成长力，是由组织的学习力决定的。组织的学习力越强，商业复制速度越快。例如，在华为，华为大学是企业内部组织学习力的建设者，华为全球培训中心则是外部赋能者。

华为大学的培训体系覆盖了全球华为员工，无论是新入职的员工，还是在职多年寻求晋升或技能提升的资深员工，都能在华为大学找到适合自己的培训课程。例如，新员工入职时，需接受为期数周的华为新员工入职培训，这一培训被称为"华为的新兵训练营"。在训练营中，新员工不仅要学习华为的企业文化、价值观、规章制度等基础知识，还要接受军事训练和进行团队拓展活动，这是为了培养他们的纪律性、团队合作精神和艰苦奋斗的意志品质。

对于技术研发人员，华为大学提供了一系列从基础技术到前沿技术的专业课程。如在 5G 研发初期，华为大学迅速组织专家团队开发相关课程，邀请内部资深 5G 研发工程师担任讲师，为技术研发人员详细讲解 5G 的技术原理、标准规范、研发流程以及关键技术难题的攻克方法。以理论学习与实践相结合的教学方式，让技术研发人员快速掌握 5G 的核心要点，并能将所学知识应用到实际研发工作中。

在管理培训方面，华为大学针对不同层级的管理者设计了对应的培训项目。基层管理者参加基层管理者培训，学习团队管理、任务分配、绩效评估等基础管理技能；中层管理者则参与中层管理者领导力培训，课程内容涵盖战略执行、团队建设、跨部门协作等较具挑战性的管理主题；高层管理者有机会进入高级管理研讨班，与全球顶尖的管理专家、学者以及其他企业高管共同探讨企业战略规划、全球市场布局、组织变革等宏观管理议题。

华为大学对华为组织学习力的提升具有不可估量的价值。首先，它实现了知识的高效传播与共享。华为大学通过将华为多年积累的技术知识、管理经验、市场运营策略等整理成系统的课程教材，并由内部专家和资深员工传授给新员工和其他在职员工，使得华为的宝贵知识财富得以在组织内部广泛传播，避免了人员流动或经验传承不畅导致的知识流失。

其次，华为大学促进了员工的个人成长与职业发展。员工在华为大学接受培训后，不仅提升了自身能力，还获得了更多的职业发展机会。这种个人与组织共同成长的模式，提升了员工对华为的归属感和忠诚度，吸引了更多优秀人才加入华为，进一步提升了华为组织的整体实力。

最后，华为大学为华为的商业复制提供了坚实的人才保障。无论是在国内市场的精耕细作，还是在全球市场的开拓进取，经过华为大学培训的员工都能够迅速适应新的工作环境和业务要求，将华为的成功模式快速复制到新的市场和业务领域，推动华为业务的持续扩张和发展。

华为的组织学习力像一座大厦，不是一天建起来的。早在 2010 年左右，华为就启动了知识工程，系统化地构建知识管理体系，这套体系成为华为组织学习力的内核。凝聚 19 万员工的智慧结晶，并通过华为大学的学习项目，将这些智慧结晶输送到组织的各条战线，形成人才能力的复制、商业成功的复制。

华为建立了完善的知识管理平台，如 iLearning 平台等，员工可以随时随地在平台上获取各类知识资源，包括技术文档、项目经验分享、市场调研报告、行业分析等。例如，在华为的某个大型海外通信项目中，项目团队在项目执行过程中遇到了当地特殊的地理环境和复杂的通信网络部署难题。项目团队成员将解决问题的过程、采用的技术方案、遇到的挑战以及最终的解决方案详细记录在知识管理平台上。当其他地区的项目团队面临类似问题时，他们可以迅速在平台上搜索到相关经验，从而避免了重复摸索和错误尝试，大大提高了解决问题的效率。

华为还鼓励员工积极参与知识分享和创新。华为通过设立知识贡献奖励机制，对在知识管理平台上分享优质知识内容、提出创新想法和解决方案的员工给予物质奖励和荣誉表彰。例如，一位华为的基层工程师在工作中发现了一种新的算法优化方法，可以提高通信设备的性能。他将这一方法整理成技术文档并分享在知识管理平台上，经过内部专家评审和实际应用验证后，该工程师获得了公司的知识贡献奖，并且其事例在公司内部得到了广泛宣传和认可。这一举措激发了更多员工积极参与知识分享和创新的热情，形成了良好的知识管理氛围。

7.3.3　组织能力让飞轮更快旋转

要想让企业飞轮旋转起来，仅有一批卓越的人才是不够的。如果缺乏排兵布阵的指挥能力，组织就会缺乏"火力"，失去发展动力。所以企业还需要构建组织系统，让企业飞轮更快旋转。下面以华为的终端业务从无到有的商业成长为例，看看当时这个新业务是如何基于飞轮旋转起来而实现商业成功的。

2010 年左右，华为正面临着无法持续增长的压力，运营商市场接近饱和，业务增长缓慢；华为投资 ICT 企业业务，但这块业务面临思科的竞争，短期内无法给公司带来大的增长。当时的华为没有战略增长点支撑，任正非非常担心业务下滑，人才流失。

当时作为手机业务 SPDT 经理的余承东，曾经多次与任正非交流发展智能手机的想法，但并没有得到任正非的认可。后来，产品经理李小龙敏锐地洞察到智能商务机市场很大，并成功拿出 Mate 系列初版的样机，余承东在手机业务SPDT 会议上拍板决定研发智能手机。直到华为 Mate 系列手机成功打开高端手机市场，任正非才完全认可手机产品线的价值定位，进一步把终端业务作为一个事业群去发展。

智能手机成为华为战略发展机会点，2018 年华为手机出货量超过 2 亿台，全球销售额达到一千亿美元，如图 7-5 所示。华为终端以极快的速度成为公司最大的事业群。2019 年华为凭借其在技术研发、拍照功能、5G 应用等方面的优势，在全球手机市场取得了显著的成绩，出货量位列全球第二。

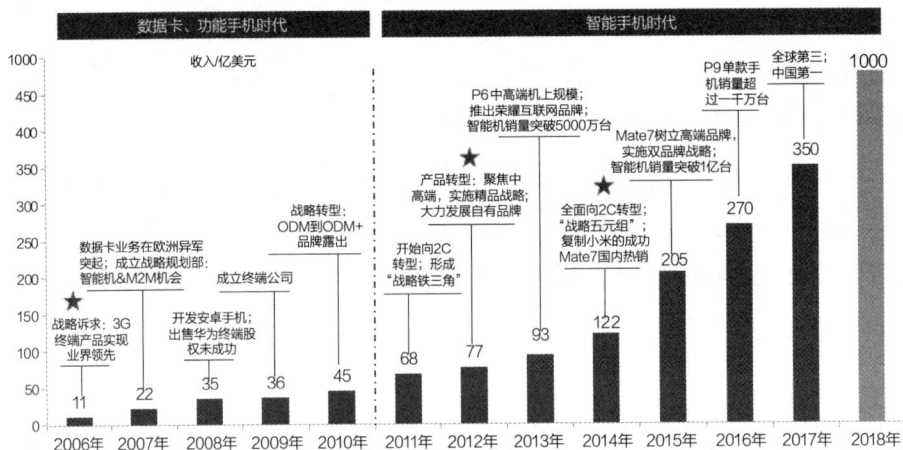

图 7-5　华为手机出货量

华为的成功在于将能力构建于组织之上，从而摆脱了对人才的过度依赖，不过华为也始终把人才管理视作企业的核心竞争力。那什么是组织能力呢？铁打的营盘流水的兵，"铁打的营盘"便是企业的组织能力。企业的组织能力源自战略、流程、组织、人才、数字化／工具、平台这几部分的能力建设。前面描述过的六度组织系统锻造工具可用于全面构建组织能力，让企业价值高于个人价值。然而，大多数中小企业在数字化／工具、平台（如职能平台、业务平台）方面投入不足，而对优秀人才的依赖程度较高。

以华为终端事业群手机产品的组织能力为例，通过华为与三星手机发展历程的对比可以看到，华为以后起之秀的身份，不断追赶和超越其竞争对手三星。华为手机业务组织能力的发展以 2010 年为分水岭，在此之前，华为以生产贴牌手机为主，赚取微薄的利润，组织能力难以得到发展；此后，执行智能手机战略，通过商业价值循环扩大市场空间和利润空间，组织能力随之被建设起来，如图 7-6 所示。

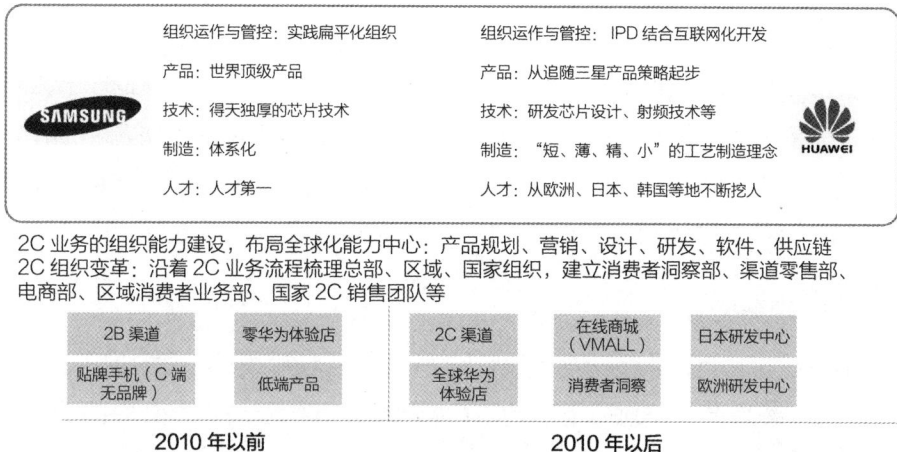

	SAMSUNG	HUAWEI
组织运作与管控：实践扁平化组织	组织运作与管控：IPD 结合互联网化开发
产品：世界顶级产品	产品：从追随三星产品策略起步
技术：得天独厚的芯片技术	技术：研发芯片设计、射频技术等
制造：体系化	制造："短、薄、精、小"的工艺制造理念
人才：人才第一	人才：从欧洲、日本、韩国等地不断挖人

2C 业务的组织能力建设，布局全球化能力中心：产品规划、营销、设计、研发、软件、供应链
2C 组织变革：沿着 2C 业务流程梳理总部、区域、国家组织，建立消费者洞察部、渠道零售部、电商部、区域消费者业务部、国家 2C 销售团队等

2B 渠道	零华为体验店		2C 渠道	在线商城（VMALL）	日本研发中心
贴牌手机（C 端无品牌）	低端产品		全球华为体验店	消费者洞察	欧洲研发中心

2010 年以前	2010 年以后

图 7-6　华为组织能力建设

（1）组织运作与管控

①IPD 结合互联网化开发。华为手机业务在组织运作与管控方面采用了 IPD 结合互联网化开发模式。这种模式与三星过去采用的实践扁平化组织模式有所不同。通过 IPD，华为能够系统地整合从产品规划、研发到生产制造等的全流程，确保各个环节紧密协作，高效运转。例如在芯片设计与射频技术等核心技术研发上，华为构建了强大的研发体系，使得手机在性能上能够与国际顶尖品牌竞争。

②全球化能力中心建设。在 2C 业务方面，华为注重组织能力建设，布局全球化能力中心。这涉及产品规划、营销、设计、研发、软件和供应链等多个环节。与三星"人才第一"的策略相比，华为从欧洲、日本、韩国不断引入高端人才，同时结合自身培养机制，打造了一支具备全球视野和分布式的专业能力的团队。

（2）产品策略

①从追随三星产品策略起步。华为早期在产品策略上有追随三星的痕迹，但在后续发展中逐渐走出了自己的路。例如，华为手机在外观设计上一开始借鉴了三星优秀的设计理念，但在不断发展的过程中，逐步融入自身对科技与美

学的理解，形成了独特的设计风格。

②构建差异化竞争力。华为强调"短、薄、精、小"的工艺制造理念，与三星的体系化制造有所区别。在产品定位上，华为不仅有针对中低端市场的产品，还有高端旗舰机型，满足不同消费者的需求。此外，华为还通过在线商城（VMALL）和消费者洞察，不断优化产品和服务，提升消费者体验。

（3）业务渠道

①2B与2C渠道并重。华为手机业务既有2B渠道，如早期的贴牌手机（C端无品牌）；也有2C渠道，包括线下体验店和线上商城。通过2B渠道，华为积累了生产和运营经验；而2C渠道的拓展则帮助华为直接触达消费者，建立品牌形象。例如，华为通过全球体验店向消费者展示最新的产品和技术，同时建立在线商城方便消费者购买和获取售后服务。

②区域组织变革。在2C组织变革方面，华为沿着2C业务流程梳理总部、区域、国家组织，建立消费者洞察部、渠道零售部、电商部、区域消费者业务部、国家2C销售团队等。这种组织变革使得华为能够更加精准地把握不同区域消费者的需求，实现本地化营销和服务。例如在欧洲，华为成立了欧洲研发中心，深入了解当地消费者对手机功能和设计的偏好，进而开发出符合当地市场需求的产品。

（4）人才优先

在全球科技竞争日益激烈的背景下，华为在手机研发领域展现出了高瞻远瞩的战略眼光，通过在全球范围内建立研究机构，实现了技术和人才的汇聚，进而推动自身手机业务走向高端化和时尚化。

华为积极在欧洲、日本、韩国等地建立研究所，这些研究所犹如一个个知识和技术的"磁石"，吸引着当地顶尖的手机相关人才。在欧洲，当地拥有深厚的科技底蕴和众多在通信、电子等领域有着卓越成就的专业人才。华为欧洲研究所的设立，为吸纳这些人才提供了平台。他们将先进的技术理念和研发经验带入华为，为华为手机在通信技术、软件算法等方面的提升做出了贡献。

日本在制造业方面一直以精益求精著称，其制造工艺水平处于世界领先地位。华为手机早期在工艺方面比较薄弱，华为敏锐地察觉到工艺给产品带来的优势，深入学习日本的对制造工艺的极致追求精神，将"短、薄、精、小"的工艺制造理念融入手机生产过程中。通过与当地企业和人才的交流合作，华为手机在精致度、结构设计紧凑性等方面得到了显著提升。

韩国在手机行业同样具有强大的实力，特别是三星在全球手机市场占据重要地位。而日本的索尼也是电子科技领域的巨头，在手机设计和相关技术上有着深厚的积累。华为通过吸纳索尼、三星等企业的人才，学习日本品牌手机和三星手机的外观设计理念。这些人才具有对时尚和高端设计的敏锐感觉，使华为手机在外观上逐渐摆脱了早期的平庸，形成了时尚、高端的设计风格。例如，华为手机在机身线条的流畅性、材质的选择和色彩搭配等方面都体现出了对时尚和高端的追求，使其在外观上能够与国际顶级品牌相媲美，赢得消费者的青睐。

华为手机业务的组织能力体现在其全方位的组织运作与管控、产品策略制定和业务渠道建设上，这些因素相互配合，共同推动了华为手机业务的蓬勃发展。对于华为与三星的组织能力，我们可以通过关键事件的对比看出差异。

①日本大地震对手机供应的影响。

2011年日本发生了大地震。日本在电子元器件产业中占据重要地位，许多手机零部件供应商都在日本，三星和华为的手机生产都依赖这些供应商。华为的手机业务领导者余承东敏锐察觉到日本地震的风险，在日本大地震前进行了手机电子元器件的备货。

在供应链管理方面展现出了卓越的前瞻性和应变能力，是华为手机商业价值循环撒手锏级的能力。因为华为提前进行了较为充足的备货，当日本大地震导致零部件供应紧张时，华为手机在市场端能够保持相对稳定的供应量。相比之下，三星由于受到零部件供应短缺的影响，手机产量和市场供应量出现了明显下降，因此不少原来三星渠道的客户为华为手机打开大门。

这一事件使得华为在市场格局之战中取得了重要优势。华为借此机会进一步提高了市场份额，在全球手机市场的竞争中逐步站稳脚跟，并向着更高的市场地位迈进。

这些事件凸显了供应链管理、产品质量等因素在手机行业商业竞争中的重要性，也让我们认识了华为 2C 产业飞轮构建者——余承东。

②三星手机电池爆炸事件。

三星 Note 7 手机在 2016 年发生了严重的电池爆炸问题。这一事件对三星手机的品牌形象造成了极大的损害。消费者对三星手机的安全性产生了严重质疑，市场信心受挫。

在此期间，华为抓住机会，凭借自身稳定的产品质量和不断提升的技术实力，赢得了更多消费者的青睐。华为在研发过程中一直注重产品的安全性和稳定性，其手机在市场上逐渐树立起可靠的形象。当三星手机因电池爆炸事件陷入危机时，许多原本考虑购买三星手机的消费者转向了华为，使得华为手机品牌影响力大大提升，这为华为在全球手机市场上提高份额提供了契机。

余承东在推动华为 2C 产业组织建设方面发挥了至关重要的作用，他是华为的第五级经理人。作为华为 2C 业务的领导者，余承东展现出了非凡的组织能力。他能够高效地协调研发、生产、营销等多个部门，确保各个环节紧密配合，形成强大的合力。在资源配置上，他独具慧眼，将大量资源投入核心技术研发和品牌建设中。同时，他的领导风格极具感染力，能够激励团队成员为实现共同目标而奋斗。例如，在华为决定进军高端手机市场时，余承东带领团队制定了详细的战略规划，并通过自己的领导魅力凝聚了一批志同道合的人才，共同开启了华为手机的高端化征程。

在产品端，余承东带领团队打造了从入门级到高端旗舰级的全系列 2C 产品，满足了不同消费者的需求。他带领团队通过持续的技术创新，不断提升产品的性能和消费者体验，如在芯片、5G、折叠屏等方面取得的突破，使华为 2C 产品在市场上具有强大的竞争力，这相当于为 2C 产业飞轮注入了强大的动力。

在营销端，余承东积极拓展华为 2C 产品的市场渠道，加强品牌建设。他频繁出席国内外各类发布会和行业活动，推广华为的 2C 产品和品牌，提升了华为在消费者心目中的知名度和美誉度。同时，他还积极布局线上线下销售渠道，确保华为 2C 产品能够便捷地到达消费者手中，进一步加速了 2C 产业飞轮的转动。

在服务端，余承东注重客户服务体验的提升。他推动华为建立了完善的售后服务体系，从产品维修到客户咨询，华为都能够为消费者提供高效、优质的服务。这种对客户服务的重视，提升了消费者对华为 2C 产品的忠诚度，形成了良好的口碑效应，为 2C 产业飞轮的持续转动提供了保障。

余承东以其符合第五级经理人特质的卓越管理能力、内生式商业领袖的独特优势以及对华为 2C 产业飞轮建设的巨大贡献，成为商业领域的传奇人物。他的故事激励着无数商业人士不断追求卓越，为企业的发展和行业的进步做出更大的贡献。

第八章

不一样的商业裂变

8.1 企业内生式的裂变

什么是企业内生式裂变？企业成长恰似小鸡破壳，真正意义上的进步与蝶变应是由内而外的成长，是内生式的裂变；而非寄望于外力的粗暴干预，由外而内叫打破。特别是数智时代，不少企业选择嫁接外部先进生产力或平台能力，并非内生式成长的必然结果，最终拔苗助长，欲速则不达。

8.1.1 内生式裂变的本质

不可否认，数智能力给企业带来的影响不可小觑，特别是企业使用 AI 后，过去手拉肩扛式工作流程带来的低效、简单且重复的工作，例如录入订单或转录合同，现在就可以交给数字员工、自动化流程处理，使得企业可以解放不少人力，让企业聚焦客户层面的商业创新和更高价值的工作。

数智技术的支持确实会给企业发展带来好处。但与此同时，一些企业非常抗拒数智商业带来的变化，例如：企业信息系统杂乱，一堆基于简单工具和信息断裂的流程简单叠加，在完成一个业务流的时候，往往要切换好几套 IT 系统，造成信息、数据、知识的割裂，最终只能给企业带来工作内耗和低效。还有一些企业，在产品开发或研发领域不断重复投资，没有对前端能力建设做足够的投入和管理，从而降低商业循环效果，最终企业错失发展壮大的机会。

正确的做法是采用中观思维，识别数智生产力带给企业的机会和威胁。企业管理团队需要打开视野，识别和判断组织内外可以构建飞轮的各种人才，让企业飞轮获得数智生产力的支持，构建新商业能力。这个做法就叫作内生式裂变。

再次审视行业趋势和分工的变化，例如华为从做联接业务到计算业务，是行业内出现按需服务的弹性计算的趋势，是网络技术和计算技术融合、智慧化发展的结果，所以华为凭借自身优势，进行计算业务的商业裂变。如果华为没有联接业务做基础，没有由运营商客户产业群奠定的技术和产品实力，很难实现从运营商业务到企业业务的商业裂变。正是由于在技术研发、生产制造方面的领先优势，华为选择进行内生式裂变。

在全球化发展领域，跨越不同的时区边界、地域边界、市场边界，需要依靠高度自动化或数字化的经营底座来开展业务，例如华为云业务始终追随亚马逊，亚马逊云增加单位固定成本的盈利，而华为云则紧随其后进行能力提升，但在单位效益上仍然无法超越。这一点足以说明云服务产业的技术密度很高，运营难度很大，人才密度要求也很高，所以不少先后尝试云服务的大型企业以失败告终。

8.1.2　动力系统和循环系统

在商业世界的浩瀚版图中，飞轮理论点亮诸多企业持续前行的动力之光，华为亦不例外。或许有人会问："华为有飞轮吗？"答案当然是有，且整个企业的各大平台就是企业的飞轮。历经与几十家咨询公司的深度合作，穿梭于企业顶层设计与业务管理的复杂脉络，华为始终锚定"商业结果导向"这一核心原则，来构建企业顶层架构和管理体系。华为的动力系统和循环系统如图 8-1 所示。

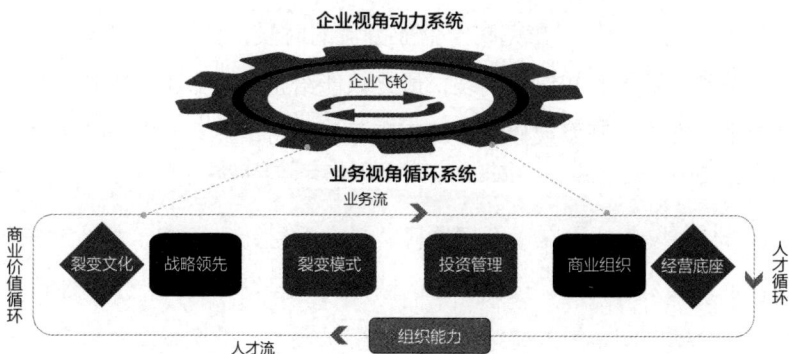

图 8-1　华为的动力系统和循环系统

任正非提出了针尖战略：绝对不在非战略机会点浪费战略资源。其底层逻辑就是利用压强原理，集中企业所有优势兵力，先撕开市场的口子，打一次胜仗，商业成功始终是重要的导向。一次次商业成功与不断强化组织能力，让华为积累力量构建平台化、流程化运作的顶层架构，形成整个企业的动力系统，这与吉姆的飞轮理论异曲同工。

华为的动力系统，立足全球市场和企业顶层视角，源源不断地为企业输送澎湃持久的动力。它起始于华为对愿景与使命的坚守——把数字世界带入每个人、每个家庭、每个组织，构建万物互联的智能世界，这一宏大且清晰的目标，如同北极星高悬，指引方向，凝聚全员力量。高层领导者凭借高瞻远瞩的战略布局，精准锚定通信技术、芯片研发、智能终端等核心赛道，持续投入海量资源，无惧短期风雨波折。

华为的商业价值循环系统恰似一条奔腾不息的"价值长河"，流转于产品、服务、市场与营收之间，滋养着企业茁壮成长。在产品端，依托深厚研发底蕴，华为不断推出融合前沿科技与客户需求的创新产品，从旗舰智能手机的影像革命、折叠屏创新设计，到通信设备的高效节能、智能运维升级；产品承载着价值步入市场，凭借覆盖全球的营销网络、本地化优质服务，精准触达客户，收获市场份额与口碑；丰厚营收滚滚而来后，并非就此沉淀，而是遵循"取之于市场，用之于创新"的逻辑，反哺研发投入、优化供应链体系、提升服务质量，开启下一轮产品升级迭代。

就像华为手机，初期靠差异化拍摄功能打开市场，随着销量攀升、利润增长，投入更多资金用于芯片自研、软件系统优化，实现性能与体验的跃升，进一步巩固市场地位，再创营收新高。如此循环往复，价值雪球越滚越大，赋予飞轮持续加速旋转的力量，稳固企业在全球科技竞争格局中的地位。

业务价值循环的关键在于循环迭代。华为采用针尖战略，为业务发展获取宝贵的资金，取得的利润，按合理比例精准反哺研发与创新，从而建设新一轮的优势。资金回流使华为能持续招揽顶尖科研人才，扩充研发实验室，升级实验设备，对"针尖"领域技术难题展开新一轮攻坚，进一步优化产品、完善服务。随着技术持续升级、产品迭代更新，华为在聚焦领域的竞争壁垒宛如城墙逐年加固、增高，让后来者难以逾越，确保自身始终站在行业前沿，稳占价值高地，驾驭着业务价值循环的飞轮，高速且持久地运转于全球商业赛道。

人才循环是华为飞轮的"活力心脏"，跳动之间，保障新鲜血液的输送。对内，华为搭建起完善的人才培养金字塔：新员工入职即踏入华为大学，历经企业文化熏陶、专业技能锤炼、项目实战磨砺，从基层"新兵"成长为业务骨干；随着能力进阶，借助轮岗机制、内部晋升通道，向技术专家、管理岗位发展，成为驱动业务发展的中流砥柱。

对外，华为以开放包容姿态广纳全球英才，在欧洲、亚洲、北美等科研高地设立研发中心，吸引当地顶尖科学家、工程师加盟，吸收多元文化与前沿技术理念；而外派员工带着本土经验与全球视野"回流"，实现知识、经验双向交融。同时，合理的激励机制、荣誉体系，确保人才引得进、留得住、用得好。优秀人才在各环节各岗位的高效协作、智慧碰撞，犹如精密齿轮协同运转，为飞轮注入活力，使华为在变幻莫测的商业浪潮中灵活转向、稳健飞驰。

华为凭借动力系统与循环系统的紧密配合，编织了一张坚韧且充满活力的商业网络，持续书写商业传奇。

8.2　从优秀到卓越的跨越

全球经济格局被深度重塑，科技革新浪潮汹涌澎湃，市场竞争愈发白热化，中国企业正站在时代的十字路口，面临着前所未有的机遇与挑战。此刻，中国企业更需要飞轮理论及与其相关的商业实践，因为构建飞轮是一个由小到大、由弱到强的过程，犹如企业的进化，企业可以从细分领域扩张到主流领域，从跟随者逐渐变成领先者。

聚焦细分领域是构建飞轮的"种子期"。诸多中小企业资源有限、技术积淀尚浅、品牌影响力不足，若全面撒网、多点开花，只会分散精力、耗尽家底。明智之举是以锐利目光洞察市场缝隙，挖掘小众但潜力巨大的细分需求。比如一家专注于智能健身设备小型配件研发的企业，锚定健身爱好者对运动手环表带舒适度、透气性与个性化设计的需求，深耕材料创新、版型优化，初期虽受众面窄、营收微薄，却借此在竞争红海中寻得安身立命之所，悄然转动起业务飞轮。

伴随产品在细分领域打磨成熟、口碑渐起，企业依托前期积累，逐步拓展产品线、延伸服务边界，向主流领域进军，此为飞轮"扩张期"。深圳市某智能健身设备企业基于健身器材业务积累的材料工艺、用户洞察，顺势推出配套智能头盔、运动水壶等周边产品，借品牌原有的口碑，打入健身场馆、线上运动商城等主流销售渠道，营收呈几何级数增长，吸引人才、资本汇聚，驱动飞轮加速转动。

当实力与影响力攀升至新高度时，企业凭借深厚技术储备、规模优势、创新能力，开始改写行业规则，从跟随者蜕变为领先者，步入飞轮"领航期"。华为通信业务一开始专注于偏远地区通信设备安装维护，在偏远地区锤炼技术、优化服务流程；后携技术沉淀进军城市主流通信市场，在 5G 时代凭借海量专利、卓越产品性能，引领全球通信标准制定，成为行业引领者。

8.2.1　先有价值定位才能构建飞轮

中国市场正在步入高质量发展转型期，消费者需求迭代加速，从单纯关注产品价格、功能，向追求品质、体验、个性化乃至价值观契合转变，倒逼中国企业产品与服务升级。同时，各行业赛道日渐拥挤，同质化竞争激烈，企业稍不留神，便可能陷入价格战泥沼，以牺牲利润换市场份额，难寻可持续发展根基。而本身的核心内容就是赋能企业基于动力系统和循环系统，实现商业价值正向循环，摆脱价格战。

全球市场进入一个新的发展时期，将重塑全球产业链分布和先进制造业的格局。中国企业的定位将从过去的产品输出向未来的价值输出转变。我们期待一批批优秀的企业能够完善自己的飞轮，踏上全球化的征途，在下一轮的全球化竞争中打胜仗。

这就需要企业找准自己的价值定位，能够逐步构建自己的飞轮。先构建飞轮才能获得飞轮旋转带来的动力和增长效应，而不是单纯追求前端营销带来的放大效应。构建飞轮是一个长期性的工作，需要企业不断关注长期性的方向。在价值定位的指引下，企业可以寻求长期价值和短期价值的结合。

（1）愿景驱动的价值定位

从动画创作的梦幻笔触，到主题乐园的沉浸体验，再到影视多元宇宙拓展与流媒体数字革新，迪士尼始终围绕着"让人们快乐"的愿景，其核心价值定位从未变化，但其产业布局随着时代的变化而变化。

回溯往昔，迪士尼凭借米老鼠、唐老鸭等经典动画形象崭露头角，在二维手绘动画领域精耕细作。当时，迪士尼先生与其团队秉持"让人们快乐"的初心，倾尽全力雕琢每一个角色、编织每一段故事。从《白雪公主和七个小矮人》开创性运用长篇叙事与精妙手绘技法，到《小鹿斑比》对自然之美与生命成长的细腻刻画，迪士尼以匠心独运的艺术笔触，为全球观众勾勒出一个个充满奇幻、饱含情感的童话世界。这些作品借由影院放映渠道，如同一波波欢乐浪潮，跨越国界席卷不同年龄层，不仅让孩子们沉浸于奇妙冒险之中，也让成年人在动画中寻得慰藉与童真，奠定了迪士尼在全球娱乐市场的地位，也为后续产业拓展筑牢情感根基、积攒受众口碑。

伴随动画影响力的发酵，迪士尼洞察到观众对动画世界沉浸式体验的强烈渴望，由此萌生打造主题乐园的大胆构想，这无疑是对"让人们快乐"的愿景的实体化、场景化延伸。1955 年，加利福尼亚州迪士尼乐园盛大开园，标志着迪士尼产业从虚拟银幕迈向现实空间。乐园以经典动画为蓝本，精心复刻梦幻城堡、童话街巷，设计刺激的游乐设施，更安排演职人员扮演动画角色与游客互动，让人身临其境感受动画中的欢乐氛围。此后，迪士尼乐园如雨后春笋般在全球多地扎根，佛罗里达、东京、巴黎、香港、上海……每一座乐园皆是当地欢乐地标，融合本土特色与迪士尼经典元素，吸引海量游客纷至沓来，年复一年创造巨额营收。迪士尼乐园不仅是游玩胜地，更是迪士尼文化传播平台、IP 孵化温床。迪士尼借实体运营强化品牌黏性，拓展消费场景，使"让人们快乐"触达更广泛的人群，融入人们的日常生活。

在影视领域，迪士尼未局限于传统动画长片，而是持续扩展边界。一方面，在 3D 动画技术革新浪潮中，《玩具总动员》横空出世开启皮克斯黄金时代，以逼真的计算机成像、妙趣横生的故事线续写动画辉煌，后续《海底总动员》《飞屋环游记》等佳作频出，丰富动画叙事风格与视觉呈现；另一方面，迪士尼通过收购漫威、卢卡斯影业，将超级英雄宇宙与星球大战传奇纳入麾下，从钢铁侠拯救世界到绝地武士捍卫银河，热血英雄故事与宏大科幻故事极大地拓展了迪士尼的影视版图，吸引全球海量粉丝群体。系列电影依托周边授权、衍生剧集开发，形成庞大的故事网与商业价值链条，让具有不同兴趣偏好的观众皆能在迪士尼影视世界觅得心头好。迪士尼持续传递快乐、强化品牌价值，借多元题材在影视赛道独占鳌头。

数智时代洪流下，迪士尼紧跟潮流推出"Disney+"流媒体平台，这是契合愿景的又一战略转型。平台汇聚海量经典动画、热门电影、独家剧集，打破时空与播放设备限制，让全球用户指尖轻点即可畅游迪士尼内容宇宙，实现"让人们快乐"无远弗届。在影院歇业、线下娱乐业遇冷时，"Disney+"订阅用户量飙升，靠《曼达洛人》等优质内容稳住家庭娱乐市场。"Disney+"彰显流媒体在内容分发、受众触达上的强大效能，成为迪士尼产业新增长极与内容传播主力军，打造线上线下娱乐闭环，整合多元产业资源，确保在瞬息万变的娱乐行业持续领航，将快乐传递至世界每一个角落。

简单总结，迪士尼就是一家"内容为王"的企业，在"让人们快乐"的愿景驱动下，迪士尼从动画起家，其关键人才是动画画师和影视制作人才；到后来是迪士尼乐园，其关键人才是 IP 创造者、表演者、园区服务人员等"Disney+"。从这里可以看出愿景驱动的企业价值定位，是高瞻远瞩的一种做法。

（2）商业驱动的价值定位

拼多多诞生之际，国内电商市场看似已被阿里巴巴、京东等老牌巨头瓜分殆尽，市场格局趋于稳固。然而，拼多多敏锐地察觉到了潜藏在广袤下沉市场以及大众消费群体中的巨大机遇，精准锚定"普惠电商＋社交裂变"的价值定位，以此撕开市场突破口。

拼多多在电商红海中另辟蹊径，以"普惠电商＋社交裂变"的价值定位，精准切入下沉市场，改写电商势力版图。拼多多的价值核心在于"多实惠"，借助拼单团购模式，鼓励消费者邀亲友拼购享超低折扣，让高性价比商品触达大众。在商品供给上，拼多多发力源头工厂直采、农产品上行，去除多层中间环节，既助农增收，又为消费者呈上平价好物，如百亿补贴频道针对热门数码、美妆大牌精准补贴，提升平台品质形象。

社交裂变堪称拼多多破局的撒手锏，基于微信生态，鼓励消费者分享商品链接、助力砍价、组队竞赛赢免单，以社交关系链驱动流量呈指数级增长，在低成本获客的同时激活私域流量。拼多多将目标瞄向三、四线城市及乡镇下沉市场，在这片拥有庞大人口基数、消费潜力待挖的区域，消费者对价格敏感且社交联系紧密，拼多多模式如鱼得水。商业运作上，拼多多简化入驻流程吸引海量中小商家，丰富商品品类；物流协同菜鸟、极兔等强化配送时效与扩大覆盖范围。短短数年，拼多多凭借特色定位崛起，与传统电商巨头分庭抗礼，扩展电商边界，彰显商业驱动价值定位的巨大效能。

拼多多的愿景是建立一个以消费者为中心的电商平台，为消费者提供更多优质、实惠、有趣的商品和服务，让消费者更幸福，致力于让"多实惠，多乐趣"成为消费主流，这个愿景代表着普罗大众的心声。

当在国内市场积累一定实力与经验后，拼多多怀揣壮志，将目光投向全球，开启海外拓展之路。但海外电商环境复杂多样，不同国家和地区在文化习俗、消费偏好、市场规则、电商基础设施等诸多方面存在显著差异，拼多多深谚"一招鲜，吃遍天"并不适用于国际舞台，因而巧妙且灵活地对自身价值定位进行调适。

在东南亚地区，考虑到当地人口密集、移动互联网普及迅速、年轻消费群体热衷社交且对价格敏感度高，拼多多推出跨境电商平台"Temu"。延续"低价好物＋社交分享"思路，Temu上线海量高性价比商品，涵盖时尚服饰、家居用品、美妆小物等热门品类，契合东南亚消费者注重实用性、追求潮流且精打细算的购物心理。在营销推广上，Temu强化社交裂变玩法，鼓励用户分享购物成果，邀请新用户注册获得优惠券、现金奖励等，借助当地主流社交平台，快速提升平台知名度，吸引大批本土用户尝鲜下单，在东南亚电商市场掀起热潮，站稳脚跟。

在北美市场，面对更为成熟、竞争激烈且消费者对品质、服务要求严格的环境，拼多多在坚守低价优势基础上，提升商品质量与物流配送时效。与优质供应商紧密合作，严选符合标准的商品，引入品牌官方旗舰店，提升产品可信度；优化物流链路，联合当地知名物流企业，缩短配送周期，确保消费者能及时收到心仪商品。同时，融入当地节日、文化热点，开展契合本土习惯的营销活动，如感恩节、圣诞节大促，借社交平台广告、"网红"合作等方式，精准触达目标受众，让消费者逐渐接纳并青睐Temu，开辟海外业务增长新路径。

贴近消费群体，则能够发现具有新商业价值的场景，这就是拼多多价值定位带来的好处。拼多多2024年第三季度财报显示，总营收为993.5亿元，同比增长44%，尽管增速较之前有所放缓，但仍保持了显著的增长态势。

（3）人才驱动的价值定位

字节跳动以"激发创造，引领多元内容与高效信息传播"为价值锚点，在短短数年内崛起为全球瞩目的科技巨头，背后是其对人才别具一格且不遗余力的培养与运用，恰似转动一个"人才魔方"，拼出创新多元生态。把人和组织结合在一起的能力是最强的"硅谷人才挖掘机"，这是字节跳动的人才观。

在产品研发起始阶段，字节跳动广纳全球顶尖技术人才，尤其是算法、AI

领域的精英。他们来自谷歌、微软等行业巨头，具有前沿技术理念与丰富实操经验。这些人才汇聚后，依托深厚学术功底与工程能力，潜心钻研算法推荐系统。以今日头条 App 为例，通过对用户行为数据的实时抓取、分析，利用智能算法精准推送个性化资讯，打破传统媒体"千人一面"的分发模式，为用户呈上专属的"信息盛宴"，满足大众碎片化、多元化阅读需求，奠定产品高黏性的基础，开创资讯类产品新纪元。

随着企业扩张，内容创作与运营人才成为"生力军"。字节跳动招募大量各领域创作者、"网红"博主、媒体人，涵盖美食、美妆、科技、文化历史等多元赛道，给予宽松创作环境与丰厚激励机制。抖音平台上，创作者们利用便捷的创作工具挥洒创意，田园美食博主凭诗意乡村生活"吸粉"无数，科普博主以硬核知识解读出圈，他们产出优质短视频丰富平台内容生态，吸引全球数十亿用户沉浸其中，让抖音成为集娱乐、学习、社交于一体的超级 App，扩展企业价值边界，让抖音从单纯的信息分发平台向综合性内容社区华丽转身。

在全球布局进程中，国际化人才发挥关键"桥梁"作用。字节跳动招揽各国本地运营、市场、法务人才，深入洞悉不同文化习俗、法规政策。TikTok在海外市场遭遇监管风波时，本地法务团队协同公关、运营部门，依据本地法律细则灵活调整运营策略，化解危机；市场团队精准策划贴合本地潮流的营销活动，如在欧美地区与流行歌手合作、在东南亚地区开展本土节日特色推广活动，推动 TikTok 风靡全球，重塑全球短视频娱乐版图，彰显人才驱动下跨文化价值定位与传播效能。

字节跳动的 AI 领域的人才密度可能是其他公司无法比拟的，字节跳动的愿景是通过 AI 和大数据技术，重新定义内容分发的方式，打造全球领先的信息分发和内容创作平台，激发创造力，丰富生活。据统计，中国的新媒体广告营收是传统媒体广告营收的 13 倍。新媒体方面的人才使得字节跳动产生更大的价值，人才推动企业飞轮旋转。

（4）技术驱动的价值定位

特斯拉作为全球创新领域的璀璨明星，凭借在新能源汽车技术与火箭回收技术领域的卓越建树，淋漓尽致地展现出技术驱动所蕴含的磅礴力量。

在电池技术革新领域，特斯拉潜心钻研，致力于提升电池能量密度、续航里程与充电效率，以破解电动汽车"里程焦虑"。其自主研发的新型锂电池，通过优化电极材料、电池管理系统，大幅延长续航里程，Model S长续航版车型续航里程突破600千米乃至更长，拥有媲美传统燃油车的长途出行能力，拓宽电动汽车应用场景，从城市日常通勤迈向城际自由穿梭，赋予电动汽车实用性，让绿色出行不再是短途局限下的无奈之选，而是适配多元出行需求的理想方案。

在电动汽车驱动系统层面，特斯拉打造高效能电机与精密传动装置，实现瞬间扭矩爆发，赋予车辆强力加速性能。Model 3高性能版100千米加速仅需3秒多，带来超跑级驾驶体验，颠覆大众对电动汽车"动力疲软"的刻板印象；配合智能四驱技术，依据路况与驾驶工况实时分配动力，保障行驶稳定性与操控性，无论是湿滑雨雪路面还是弯道驰骋皆能应对自如，将驾驶乐趣与安全性能融合，为电动汽车注入性能"强心针"，提升产品核心竞争力。

自动驾驶技术更是特斯拉技术皇冠上的耀眼明珠，Autopilot系统历经多次迭代，依托车载摄像头、毫米波雷达、超声波传感器等多传感器融合方案，配合海量路测数据"喂养"与深度学习算法优化，持续扩展自动驾驶功能边界。从基础自适应巡航、自动辅助转向，到自动泊车、智能召唤，乃至向完全自动驾驶愿景稳步迈进，特斯拉让汽车从单纯的交通工具蜕变为可实现人机交互的智能移动空间，解放驾驶者双手双脚，极大地拓展汽车使用想象空间，重新定义出行概念，拉高行业价值天花板。

特斯拉创始人马斯克麾下的SpaceX所主导的火箭回收技术，打破高成本枷锁，撬动宇宙开发商业价值杠杆，重塑航天产业价值定位。

传统火箭发射秉持"一次性使用"理念，高昂造价致使太空探索成为烧钱

"无底洞"，商业航天发展步履维艰。SpaceX 另辟蹊径，倾尽全力攻克火箭回收难题。精确控制火箭垂直起降技术是关键突破点，SpaceX 凭借自主研发导航、姿态控制与动力调节系统，在火箭发射末级返程时，让火箭在茫茫太空与复杂大气环境中实现精准导航、灵活调整姿态，最终平稳垂直着陆，如"归巢之鸟"般安全返回地面。从海上浮动平台到陆地回收场，火箭一次次成功着陆见证着技术的发展与成熟。

火箭回收复用一举改写航天经济账本，发射成本锐减 50% 甚至更多。成本降低像一把钥匙，解锁商业航天应用大门：一方面，卫星互联网建设迎来曙光，低轨道卫星星座计划（如 Starlink）得以大规模铺展，数千颗卫星以较低发射成本快速组网，为全球提供高速、低时延宽带服务，偏远地区通信覆盖、跨洋数据传输等难题迎刃而解，赋能数字经济全球化；另一方面，太空旅游、深空探测商业项目纷至沓来，高成本壁垒破除后，普通民众的太空旅行梦渐行渐近，科研机构、企业等对探索火星、月球等深空目标不再望而却步，开辟宇宙商业"新蓝海"，推动航天从政府主导的纯科研项目向多元商业驱动产业转型，以技术为笔，绘就浩瀚宇宙商业新画卷。

特斯拉在新能源汽车与火箭回收两大领域的技术攻坚成果斐然，不仅为自身铸就产品、品牌与商业价值"护城河"，奠定行业领军地位，更如灯塔，引领全球迈向绿色出行、商业航天新时代，彰显技术驱动下价值创造、定位重塑、产业变革的无限潜能，成为诸多企业借技术谋发展、创价值的榜样。

除上述价值定位外，还有其他的价值定位，在这里不一一描述。正如前文所描述的价值定位方法，找准细分领域进行价值取舍，形成全球范围内的差异化竞争力，聚焦盈利，那么飞轮就可以旋转起来。

8.2.2　卓越企业必须构建的"内功"

卓越企业往往深谙构建"内功"之道，在流程化、商业化、职业化维度精心雕琢能力基石，借助平台化建设整合资源、协同运作，恰似为巨型战舰装配精密且强大的动力与操控系统；而中小企业则更需要建设飞轮，以小而灵活的策略凝聚核心动力，撬动发展杠杆。以华为为例，通过持续构建"内功"，实现从优秀到卓越的跨越。

在技术和业务领域，华为搭建坚实技术与产品平台。早年扎根通信核心技术，攻克 5G 难关，积累海量专利。以此为基础，拓展多元业务版图，从通信设备延伸至智能手机、云计算。各业务依托共享技术框架实现协同，如 5G 赋能手机网络优势打造、助力云服务高效传输，"组合拳"出击，抢占市场高地。

在市场层面，全球布局构建营销大平台。在各国设立分支机构，深入洞察当地法规、文化。在欧洲市场，顺应隐私法规调整产品，借足球赛事推广品牌；在非洲等市场，则贴合基建需求推广定制方案。配合精英本地化团队，精准触达客户，借大数据分析灵活应变，提升全球知名度与市场份额。

在销售环节，打破部门壁垒形成一体化营销平台。售前，技术专家协同销售人员设计方案、答疑解惑；售中，供应链紧密衔接确保按时交付，数字化系统为客户追踪进度；售后，全球服务网实时响应并解决故障。精英销售人员凭专业与贴心，将产品优势转化为订单，实现高转化率与客户忠诚。

在人力资源体系方面，打造开放赋能平台吸引精英。面向全员发展十多个种类的职业通道，"双通道"发展模式助员工成长，华为大学打造内生式的人才队伍。全球揽才充实研发、管理队伍，数字化评估精准调配岗位，让精英各展所长，为创新注入不竭动力。

在财经领域，智能平台把控财务"脉搏"。预算精细到业务末梢，依据战略滚动规划；成本管控深挖降本点；财务分析以大数据为决策依据，评估海外投资、新品财务可行性，以资金"巧安排"护航业务拓展。

在供应链端，协同平台铸就强大"后盾"。与全球供应商共享信息、协同采购生产，工业互联网赋能制造基地柔性生产。遇外部冲击，凭紧密伙伴关系与物流优化，确保产品全球供应不断，彰显韧性。

在采购板块，战略集中采购建优质生态。整合内部需求"抱团"集中采购，与核心供应商深度合作、降本增效，邀其参与研发优化物料，保障产品品质，提升效益。

不管是从职能角度看，还是从业务角度看，华为都把平台化和能力建设做到极致，流程化是卓越企业的内核，能力建设是其重要的外延。为什么华为的人员换部门之后，团队的业绩没有受太大影响？华为为何可以一次次穿越产业周期，成为行业的领先企业？平台化就是华为构建飞轮的代名词，一般企业只有一个飞轮，而华为的企业飞轮则是从一个被复制为三个：运营商市场企业飞轮、企业市场企业飞轮、消费者市场企业飞轮。

8.2.3　千万次旋转换来一次跨越

优秀企业受限于资金、人才、技术等资源相对匮乏，飞轮建设多聚焦狭窄细分领域，以"单点突破"策略挖掘核心优势。优秀企业常围绕特色产品、专属服务，凝聚有限资源打造差异化卖点，如小型工业品制造企业，基于精良的工艺深耕本地客源，靠独特产品撬动市场；而华为等卓越企业的平台化基于雄厚资源储备，跨多领域系统布局，整合庞大人力资源、巨额资金与前沿技术，搭建全方位能力架构，各领域协同发力支撑整体发展，资源广度和深度与优秀企业不可同日而语。

优秀企业飞轮启动重在快速验证商业模式、积累原始资本，凭借灵活应变机制，在短时间内调整产品、营销方式以契合市场小众需求，初期成长曲线或呈急速上扬态势，但易受资源因素制约，后续发展可能遇"天花板"；华为等卓越企业的平台化是渐进式、长期战略工程，前期投入大、建设周期长，历经多年沉淀技术、优化流程、培育人才，逐步构筑竞争壁垒，一旦成形则凭借规模效应、协同优势，稳稳占据行业头部地位，持续扩展业务边界，发展轨迹呈厚积薄发、稳步攀升状。

正如吉姆所言，优秀企业需要千万次地旋转飞轮，不断积累力量和成功经验，才能实现一次跨越。

20 世纪 80 年代，英特尔深陷泥沼，存储芯片营收持续下滑，当时的行业格局动荡，日本存储芯片厂商凭借成本与质量优势来势汹汹，英特尔岌岌可危。吉姆敏锐洞察局势，助力英特尔构建起转型飞轮，实现企业从存储芯片领域向计算芯片领域华丽转身。这一飞轮初始以研发投入为轴心，英特尔持续加码芯片技术研发，尤其是聚焦微处理器领域，在架构设计、制程工艺上死磕精度与创新，全力打造高性能 CPU。凭借技术突破，英特尔与微软等操作系统巨头紧密合作，将英特尔芯片嵌入 Windows 生态，借软件广泛应用强化硬件性能优势认知，收获海量计算机厂商订单，利润回流后再投入研发，循环往复，飞轮每一次旋转都在积聚动能，历经漫长磨砺，终让英特尔在计算芯片领域独占鳌头。英特尔核心能力扎根于芯片底层技术精研，恰似为构筑高楼打造的坚实地基，从晶体管层面掌控工艺，依托深厚技术积累把控芯片性能"命门"，在半导体上游筑牢壁垒，凭借对计算芯片底层逻辑的打磨，定义 PC 时代算力标准，引领行业技术风向，驱动商业飞轮高速旋转。

再看华为，在通信业务根基方面，华为以通信标准研发、基站设备制造为发力点，在 2G、3G、4G、5G 等领域不断投入，从 2G 到 3G 产品的成熟，华为用了 8 年时间，这 8 年时间是多少次的飞轮旋转？参与全球标准制定博弈，手握海量核心专利，让"华为制造"基站设备成为全球运营商信赖之选，以此收获稳定营收。继而向周边技术应用延展，智能手机乘势崛起，依托通信技术优势赋能手机网络性能，自研芯片、影像技术迭代，优化客户体验；云计算业务紧跟其后，借助通信基建全球布局与数据传输专长，为企业提供低时延、高可靠云服务。在市场端，华为编织全球营销、服务网络，深入各国文化土壤，以本地化团队精准触达客户；人力、财经等后台支撑体系如精密齿轮协同配合，保障业务流畅运转。华为核心能力呈现多元融合、纵横交错态势，既有着通信底层"硬科技"底蕴，又擅长跨业务协同整合。贴近终端应用侧时，凭借对客户需求的深度洞察，在手机拍照、5G 应用场景创新等多维度发力，挖掘商业裂变潜能，以一款"爆款"手机、一项创新云服务应用，激发市场热情，撬动营收呈指数级增长，多领域协同旋转飞轮，铸就独特商业竞争力。

崛起于通信技术蓬勃发展浪潮的华为，为活下来同样面临艰难险阻，但华为和英特尔的区别是什么呢？截至目前，单从英特尔和华为的营收来看，是百亿美元和千亿美元的差异，同样卓越的两家企业，区别就在于华为偏重技术应用，具备更加广阔的商业空间和更强的市场控制力。英特尔借技术深耕上游、绑定软件生态，在计算芯片单一赛道实现纵向领先；华为则扎根通信、跨越多领域，在终端应用侧凭借多元协同开疆拓土。两者差异背后，揭示一条商业规律：越是靠近终端应用侧的企业，越容易掌握商业裂变"魔法棒"，凭借与消费者高频互动、响应多元需求，能快速将技术优势转化为市场胜势；而聚焦上游核心技术的企业，以深度技术掌控力定义行业基准，筑起高竞争门槛。

无论路径如何，千万次飞轮旋转才换来一次跨越，从优秀到卓越的跨越，不仅需要非凡的毅力，更需要坚定的信仰，不要满足于优秀，只有不断追求才能实现卓越。

结语

我曾经不止一次探究华为、英特尔、谷歌、特斯拉这些企业卓越的原因。其光芒背后所蕴含的商业智慧与商业成功密码，历经岁月打磨，成为指引后来者前行的航标。

在助力诸多优秀企业踏上成长之路后，我深刻领悟到"一套动力系统，两个循环（商业价值循环和人才循环）"绝非空洞理论，而是打开卓越之门的钥匙。它们建立在企业价值定位这一基石之上，贯穿从擘画愿景的壮志豪情、谋篇布局的高瞻远瞩，到商业运营的精耕细作、广纳贤才汇聚精英力量的悉心运筹，再到雕琢组织架构实现高效协同的过程。

本书承载着我对商业进阶之道的深度洞察，它有意远离那些浮于表面、追求短效的网络营销式"快速裂变"幻影。我笃信，真正具有持久生命力与变革力量的商业裂变，是一场需稳扎稳打、步步为营的战役，是扎根企业灵魂深处，从价值锚定起始，一步步扩大影响力、夯实竞争力的坚毅旅程。

2024年10月，我怀揣着满心的期待与激动，踏入了吉姆的现场学习会。在这场学习会中，与来自世界的500多个CEO的对话和交流，让我再次思考企业商业裂变的真谛。吉姆所提出的一整套商业思想，以及在诸多知名企业实践背后所蕴藏的底层逻辑，犹如一座亟待深度挖掘的富矿，再度触发我去思考华为是如何获得商业成功的。为此我对华为和其他巨头公司的发展做了对比，而商业裂变地图正是在我完成对比分析后的结晶：华为的商业成功源自不断学习比它优秀的公司，这个裂变的过程艰难而具有长期性，从裂变文化到经营底座，6个环节缺一不可。

飞轮理论，恰似一颗经岁月磨砺却愈发耀眼的明珠，以其简洁而深邃的魅力，精准体现企业持续增长、迈向卓越的顶层架构。它着眼于企业发展的终极方向，聚焦于顶层设计的关键环节，将驱动企业前行的核心要素巧妙串联，形成一个环环相扣、协同发力的动力闭环。它看似只由几个关键环节与质朴原理构筑而成，却蕴含着无穷的能量与智慧，是商业领域当之无愧的经典范式。

然而，令人唏嘘的是，即便这一理论已在商海沉浮中被无数次验证，时至今日，仍有诸多企业在构建飞轮的征程中徘徊不前、举步维艰。反观华为，其凭借全方位的体系化建设，宛如铸就了一具精密且坚韧的商业"机体"。如果说飞轮理论是指引企业前行的灯塔，明确了终极目标与顶层架构，那么华为精心打磨的体系化能力与严谨高效的流程建设，则如同赋予了这具"机体"鲜活的血肉，赋予其蓬勃生命力。企业在发展与演变过程中，不能简单照搬华为的成功经验，需要将其内化为自己的力量，不断完成飞轮旋转去实现跨越，这也是我通过吉姆找到的答案。

在商业竞争中，不要急于求成，而要不断追求卓越，可能旋转千万次飞轮才能完成一次跨越。中国优秀的企业要学习华为，但不是直接成为华为，而是要成为下一个华为。